# LOBOS

*Caratula anverso*

*Siro Sanz Navarro*

Esta novela y su contenido literario está basada en la vida y realidad del lobo y el hombre rural, y su contenido es parte real y parte es fruto de la imaginación del autor, para hacer la novela más amena, el autor ha introducido numerosas fotografías algunas de su propiedad y otras que ha sacado de Internet sin ningún ánimo de plagiar las imágenes y al no poder contactar con sus posibles dueños no se lo ha comunicado, agradeciendo a todos y cada uno de ellos, el darle la posibilidad de incluirlas en esta novela para que sea más amena al lector, y por supuesto con la intención de quitarlas de la novela si alguno de los propietarios no le gustase que sean usadas, también ha introducido algunos comentarios que se han hecho en la red de redes que por su contenido de especial interés en el tema de la novela y por estar **en acuerdo o en desacuerdo** con los autores de estos comentarios, el autor de la novela a querido dejarlos reflejados en ella para ilustrar aun mas al lector.

*Pablo con 22 años*

# LOBOS

*12 de Enero de 2007, "Robledo", pueblo situado en plena Sierra de la culebra y en la comarca de Sanabria (Zamora) y lindero con la preciosa comarca de la Carballeda; Braulio se levanta a las siete de la mañana y después de encender unos troncos de roble que tenía ya preparados en la chimenea, se prepara su café y sus tostadas a las que unta con nata de leche de cabra y mermelada de frambuesa, y después de dar buena cuenta de ellas sentado frente a la chimenea cálida y llameante, y sumido en sus pensamientos, se dirige al corral a atender a sus animales, nada más entrar en él se da cuenta de que algo había ocurrido durante la noche, y enseguida pudo ver qué había sido, y se echo a llorar como un niño aunque ya había visto pasar 76 otoños, sin tocar nada se volvió a meter en su casa y espero a que dieran las 9 para llamar por teléfono a la guardia civil y a medio ambiente, los cuales se personaron bien entrado el día, y levantaron acta de lo que vieron al llegar al lugar de los hechos, comprobaron que en el corral de Braulio había entrado algún animal o animales depredadores y habían hecho una escabechina con los animales domésticos de Braulio, tanto el servicio de protección a la naturaleza como los del medio ambiente intentaron consolar a Braulio con falsas promesas y falsas esperanzas de compensar su perdida, pero Braulio había perdido algo más que parte de su economía y eso no se lo podía compensar nadie, como nadie le compensó en otras ocasiones que había perdido algo, aunque nunca había sido tan brutal la perdida, Braulio como sabia que poco podía esperar de las autoridades, estuvo una temporada vigilando por las noches el ganado que le quedó y como sabía que había sido obra de un*

solo lobo la vigilancia la hacía en compañía de una vieja escopeta
paralela de perrillos que tenía desde su juventud y que en muy pocas
ocasiones usó, y que mucho temía él tener que usarla ahora, no por temor
a el lobo sino a las autoridades si se enteraban de que lo había hecho,
pues ya entrado el siglo XXI las autoridades y un sector de la sociedad
miran mas por un lobo que por un viejo y humilde aldeano, pero después
de una semana sin ningún resultado dejó de esperar a el lobo y siguió
con su vida cotidiana, ese mismo día que dejo de esperar a el lobo, se
enteró de que en otro pueblo de la zona, un lobo había matado un potro
y había dejado herida a la madre, a la que luego tuvieron que sacrificar.
Como en esa comarca no es raro escuchar noticias como esta y estaba
acostumbrado a oírlas, tomó buena nota del lugar de la lobada y de
todos los detalles que pudo recopilar y recogió todas las noticias
relacionadas con el lobo.

*Típica casa Sanabresa de la España profunda*

# NOTICIAS SOBRE LOBOS

El ganadero Manuel Martín del Yerro, del pueblo de Topas, (Salamanca), sufrió ayer de nuevo otro ataque de un lobo en su explotación, que en esta ocasión provocó la muerte de una novilla de un año. Sin seguro que cubra el daño que ocasiona este depredador y otros cánidos, el productor lamenta la frecuencia con la que en los últimos días atacan y las pérdidas económicas que conlleva. «No sé cuál es la solución, pero llevo una semana que esto es horroroso, y yo no tengo seguro contra los ataques que hacen los lobos a mi ganado, lo tengo por el que realiza mi ganado a terceros», lamenta. Así, explicó que tras presentar la pertinente denuncia por este nuevo daño en su finca, «Medio Ambiente ha puesto un cebo, un burro muerto para ver si en las próximas horas se acerca hasta aquí el lobo». Una solución no exenta de temor. «Espero que si ataca lo haga al burro y no al ganado vivo». La muerte de la becerra de ayer se suma a otros tres ataques que se han vivido en la zona los últimos días y que han ocasionado la pérdida de 22 ovejas y tres becerros. «Nosotros no podemos hacer nada, pero es desesperante encontrarse todos los días con ganado muerto». La presencia del lobo en esta zona se suma a la de la comarca de Vitigudino, (Salamanca) donde los ganaderos de ovino han sufrido numerosas pérdidas. Sin cifras concretas —no todos los ataques de lobos se denuncian, sólo el pasado año fueron más de medio millar las reses muertas por ataques bien de estos depredadores, bien de otros cánidos y los daños se siguen produciendo. Sobre la situación del lobo en la provincia, el grupo del que se tiene mayor seguridad de que exista por los reiterados daños al ganado de la zona, es en la zona norte —Valdelosa y Topas, a muy pocos kilómetros de Salamanca, un espacio donde se vienen repitiendo los siniestros de este depredador a lo largo de los años y que se han intensificado los últimos días. También las inspecciones realizadas han dado como resultado la existencia del lobo en esta área.

*Burra pastando de día sin saber lo que la espera por la noche*

**Especie protegida**, su presencia en la provincia sigue creando malestar entre los ganaderos afectados y el pasado año, la Dirección General de Medio Natural de la Junta de Castilla y León dio el visto bueno a una batida a petición de las localidades de La Vídola, Villar de Samaniego y Villarino de los Aires. La cuadrilla de control abatió a un ejemplar en Villar de Samaniego que se cree provocó más de una treintena de ataques en explotaciones de la zona de Vitigudino.

Las entidades conservacionistas representadas en el Comité Consultivo del Plan de Gestión del Lobo en Asturias —Asociación para la conservación y estudio del lobo, Asociación de Amigos de la Naturaleza y la Coordinadora Ecologista de Asturias— han remitido un escrito al fiscal de Medio Ambiente, Joaquín de la Riva, criticando su «interpretación legal» de la muerte y captura de ejemplares de lobo.

De la Riva había manifestado en un dictamen en cuanto al caso de la matanza de siete lobeznos en el Parque de Picos de Europa en Cangas de Onís que, basándose en la supuesta ausencia de una prohibición expresa en el Principado, el caso del lobo no tendría cabida en lo registrado en el artículo 335. Del Código Penal, Es decir, que no se puede considerar delito matar a un lobo fuera de lo permitido en una batida. Las organizaciones ecologistas consideraron que «por el dictamen de la Fiscalía así como el auto de sobreseimiento libre y archivo de diligencias del Juzgado de Instrucción de Cangas de Onís, crean un precedente jurídico sobre una situación legal incongruente». Además solicitaron «encarecida y urgentemente a las instancias competentes que solucionen esta situación de clamorosa injusticia, que reconsidere el dictamen actual, ya que lo contrario va a tener consecuencias».

Medio Ambiente prevé extender la caza del lobo como solución a los daños en el ganado en Castilla y León. Desde 1992, el lobo era una especie protegida al sur del Duero, mientras que estaba permitido cazarla al norte con un permiso estricto. Sin embargo, y con el argumento de que los 1.500 ejemplares que se reparten por todas las provincias castellano leonesas matan cada año a 2.200 ovejas y 220 vacas, se puede abrir de alguna manera la veda.

*Hábitat del lobo*

**Difícil previsión**, *No es fácil prever la cifra de lobos que se permitirá cazar con el plan, se baraja en torno a cien en los próximos años, dependiendo de la población, según el Ministerio de Cristina Narbona-, pero lo que más preocupa a los ecologistas es lo que puede conllevar consigo esta medida. "Se pretende cobrar a los cazadores para sacar rendimiento económico (...), el lobo genera problemas a los ganaderos, pero hay medidas mejores que cazarlos", afirma Carlos Bravo, presidente de la asociación ecologista de Segovia Centáurea, en declaraciones a El País. Por el contrario, los ganaderos castellano-leoneses tachan el plan de blando: "Ni yo ni mi padre aprendimos a criar ganado con lobos porque hace 80 años que no hay (...), no tengo que tener un seguro por si me atacan", justifica Tomás Redondo, un pastor castellano-leonés.*

**Un lobo mata 7 ovejas** y... *"El animal saltó el cercado y huyó al ser sorprendido por el hermano del dueño del rebaño cuando se comía una de las piezas.*

Redil de ovejas

El segundo ataque de un lobo en Villadeciervos en menos de una semana se saldó ayer con la vida de siete ovejas, además de dejar una octava herida. El propietario de los animales, Antonio Canas, calcula en más de 800 euros los daños solo del valor de las ovejas y los costes para curar al animal herido, «si es que se cura», precisó el afectado. La lobada se descubrió hacia las siete y media de la mañana cuando un hermano del ganadero, que circulaba por la carretera cerca del prado en el paraje de Los Cotos, descubrió al lobo desayunándose a uno de los animales cazados. Ante la presencia humana el animal saltó la tapia de piedra que circunda la propiedad y permaneció allí unos minutos hasta que desistió de seguir con la presa. El ataque se produjo en una finca dentro del casco urbano de Villadeciervos, a menos de 200 metros del Centro Forestal y la base de helicópteros y del límite de la Reserva Regional de Caza. La propiedad está rodeada de una tapia de piedra de 1,20 metros de altura aproximadamente y en algunos tramos rematada en alambre. Dentro estaban 27 ovejas que el ganadero tenía separadas para aprovechamiento de los pastos de este pastizal. Algunas de las ovejas presentaban un avanzado estado de gestación, mientras que las otras estaban abocadas a parir a partir del otoño, de cara a la campaña de producción de diciembre. Antonio Canas dio parte al Servicio Territorial de Medio Ambiente y los servicios veterinarios. El ejemplar que pudo avistar, según la descripción del hermano de Antonio Canas, era un «lobo grande». El pasado domingo, cuando la mayor parte de los vecinos asistían a un entierro, se produjo otro ataque al parecer del mismo lobo, que se saldó con la muerte de un carnero de otro ganadero. Este primer ataque se registró a 150 metros de la finca de Canas. Tanto el servicio veterinario como la Guardería Forestal levantaban ayer el certificado que verificaba el ataque de un lobo sin dejar resquicio a las dudas. Las 20 que se salvaron fue porque se refugiaron bajo la luz de una farola contra la pared, que pudo disuadir al atacante.

*El sufrido pastor con su ganado que tanto le gusta al lobo*

**Visión desoladora**, todas las ovejas muertas ofrecían una visión desoladora, dispersas por la mitad del prado, mientras que las que se salvaron permanecían juntas, contra la pared de la finca. Todos los ejemplares presentaban mordiscos en el cuello, «en las gorjas», y en el vientre, signos evidentes de un ataque de lobo, otras permanecían con las vísceras fuera pero prácticamente enteras, el animal se cebó con una de las ovejas ya que prácticamente había devorado la mitad, sobre el pasto se rastreaban los signos, sangre y pasto revuelto y aplastado del punto exacto donde el lobo anduvo a la captura de las ovejas. El propietario de los animales no tenía contratado el seguro para los ataques del lobo y justificaba en su defensa que «es obligatorio un seguro de accidentes en un coche por lo que pueda ocurrir, pero si el accidente me lo causan a mí lo normal es que me paguen a mí los daños, y no yo a ellos», caso que extrapolaba a los daños que provocó el lobo sobre su ganado. Nadie hacía pensar que el lobo tuviera la osadía de entrar dentro de las fincas del pueblo, como así ocurrió.

El delegado comarcal de COAG, José Manuel Soto, una de las primeras personas que se presentó allí tras el golpe a la explotación, exigía «control de este lobo» ante el segundo ataque sintomático de que habrá más. El delegado de COAG exigía ayer el pago directo de la Administración regional de los daños en todas las zonas aledañas a la Reserva, como es el caso de la explotación de Antonio Canas. Insistía Soto en que «la Junta pague por vía directa todos los daños, sino en base a la sentencia que condenó a la Junta a pagar los daños al sur del Duero».

**Daños**, COAG estima en más de 30.000 euros los daños que se han registrado por ataques de lobo en la Reserva y las zonas aledañas, con la salvedad «de que la mayoría de los ataques no se denuncian porque no se van a cobrar». Como especie cinegética, además del control en zonas de ganadería extensiva, Soto exigía ayer un canon de 2.000 euros que grave los precintos de lobo, dinero con el que sufragar los daños a los ganaderos registrados por las incursiones de este depredador. Si anualmente «se conceden 100 precintos hablamos de 200.000 euros, una cantidad suficiente para compensar los daños en la totalidad del territorio». Otra medida imprescindible para los ganaderos es controlar la expansión fuera de la Reserva. El delegado de COAG recalcó que el lobo está «provocando bajas importantes entre las manadas de ciervos y entre la población de corzos de la Reserva», unos ataques que repercutirán, no tardando, en los ganaderos.

Agentes del Ministerio de Medio Ambiente han matado recientemente un lobo cerca de Bulnes, en el corazón del Parque Nacional de Picos de Europa, probablemente el último ejemplar que quedaba en el sector asturiano. En realidad había dos, pero el otro, una hembra, fue abatida por los técnicos el pasado 29 de mayo en Cabrales: estaba preñada y a punto de parir cinco cachorros. Ni son los primeros ni serán los últimos, porque la dirección técnica del bello espacio protegido tiene previsto seguir controlando a tiro limpio el aumento de las poblaciones de cánido salvaje, aunque eso sí, "de acuerdo con todos los requisitos legales y procedimentales aplicables". La normativa reguladora del Parque Nacional establece que, en aras de la compatibilidad de la protección de la fauna salvaje y las actividades tradicionales como la ganadería, pueden matarse lobos "siempre con arreglo a procedimientos y cuantías estrictamente determinados, si el nivel de daños registrado así lo aconseja y no hay otra solución". Y parece ser que no hay otra solución más efectiva y entretenida para algunos que el rifle.

A día de hoy hay abiertos 69 expedientes por daño de lobo en Picos de Europa, 49 de ellos en su vertiente asturiana, con unas 115 reses afectadas. Estas cifras contrastan con las de 2006, año en el que se abrieron 35 expedientes, con 59 reses muertas.

La Asociación para la Defensa Jurídica del Medio Ambiente ULEX, presidida por un antiguo guarda del Parque Nacional, afirma que las cacerías en los Picos de Europa y su entorno suponen un nuevo episodio de "furtivismo de Estado", pues se utilizan "medios públicos para cometer tropelías". Y ha denunciado estas muertes en los tribunales. Curiosamente, su postura ultra conservacionista, anteponiendo la conservación del lobo a cualquier otro aspecto, no es defendida por el Fondo Asturiano para la Protección de los Animales Salvajes (FAPAS), un referente histórico en la defensa de la naturaleza en España. Sus responsables aceptan el control de los lobos en la vertiente asturiana, donde la escasez de animales salvajes provoca que prácticamente sólo ataquen ha ganado doméstico, como un mal menor *para conservar sus excelentes poblaciones en la vertiente castellano-leonesa, y concluye FAPAS:*

*"Quienes conozcan los Picos saben de sobra que una de las mayores actividades económicas del pastor es la fabricación de quesos. Si matamos ovejas ¿con qué hacemos el queso? Que se vayan los pastores y se queden los lobos, alegan algunos, y decimos nosotros, si no hay pastores, no hay ganado y no habrá buitres, y además, si no hay ganado ¿de qué comerán los lobos?"*

*Daños de lobos*

¿Es real que los lobos han matado 2.500 cabras y ovejas en los últimos quince años en el Parque, y los ganaderos han sido siempre indemnizados? ¿Es También cierto que paralelamente a su caza, el total de animales muertos a causa de sus ataques se ha reducido en un 85% en los últimos cuatro años? **"Yo creo que son muchos más los animales que ha matado el lobo y la mayoría de las veces no se ha indemnizado al ganadero y cada año son más daños los que hacen, Siro."**

Entonces ¿qué hacemos? ¿Seguimos matando lobos o los capturamos vivos y los llevamos a otros lugares? Y si optamos por su traslado ¿a dónde los llevamos, qué ganadero va a querer tener por vecino al terrible cánido?, o quien va o correr con los gastos de su manutención, y los problemas que conlleva la existencia de este animal.

Nos guste o no, el hombre marca las normas. Y ha decidido que el lobo sólo puede estar donde no haga demasiado daño al ganado. Que primero son las personas, nuestros últimos y esforzados pastores de montaña, y después los animales salvajes.

**Personalmente defiendo esta filosofía, pero no su aplicación. Hace falta mucho sentido común, cada vez más escaso, junto con una brillante y minuciosa gestión de los recursos naturales, para acercar intereses desde hace miles de años contrapuestos, los del ganadero con los del lobo, Siro.**

El exceso de protección puede provocar exactamente lo contrario, la vuelta de los energúmenos, del veneno, del fuego y de los delincuentes cinegéticos, pero señores del Ministerio, miren el calendario, estamos en el siglo XXI, utilicen su inteligencia y sus recursos para lograr una gestión modélica tanto en Picos de Europa como en muchos otros lugares, que de momento, no han conseguido.

En el año 2009 salta en las noticias un caso de envenenamiento., se trata de que el propietario de un coto de caza del término de Albarreal de Tajo, Toledo denominado Cambrillos Norte, y propiedad de un tal Agustín S. M., en el paraje denominado la Vega del Tesoro, un agente Forestal sorprendió al tal Agustín con el guarda y la mujer del guarda, que al verlos que se escondían, llamó su atención y se acercó para identificarlos, y al comprobar que eran el dueño de la finca y los guardeses, supuso que estaban haciendo algo indebido y al mirar en el vehículo comprobó que en una caja de cartón avía dos tortillas con claros síntomas de estar impregnadas de veneno, motivo por el que incautó las tortillas y llamó a otros agentes de medioambiente para peinar la zona en la cual encontraron varios trozos de tortilla envenenada con un fuerte veneno toxico y muy peligroso.
cuando el agente forestal preguntó a los guardeses estos le dijeron que ellos siguen las ordenes de su amo, y Agustín S. M. se inculpa desde un principio de  haber sido él, el único culpable y responsable de tal acción. su argumento es, que como él arrendatario de la caza le ha dejado a deber 10.5 millones de pesetas y que los zorros le han estropeado la temporada de caza porque se comen a los conejos, perdices, liebres, etc., ha decidido librarse de los zorros envenenándolos, también argumenta que **él no utilizó el veneno para cazar** "**hice mal y ya está, es la primera vez que lo hago**", llevo 22 años con la finca y siempre he vendido la caza., por los argumentos de este tal Agustín S. M. podemos decir que estamos aparte de ante un delincuente cinegético, también estamos ante un autentico majadero por no decir asesino insensato.

los delitos cinegéticos que ha ocasionado y hubiera podido ocasionar este insensato que podría ser también un meningítico subnormal, porque en el siglo XXI no entre en la cabeza de ninguna persona medianamente inteligente, el usar veneno para acabar con los zorros y mas sabiendo las consecuencias del uso de veneno que se empieza metiendo el veneno en un trozo de tortilla y acaba o puede acabar con la muerte de una persona o más, ya que la tortilla mata al zorro, el zorro mata a varias especies de águilas, a búhos reales (gran duque), halcones de toda índole, milanos, a tejones, meloncillos, y otros muchos individuos de la naturaleza entre ellos las liebres que pasan a ser alimento de los humanos, por lo tanto este indeseable a cometido los delitos de: contra la fauna, contra especies protegidas, contra el ecosistema y contra la salud pública y todo porque se le ha ocurrido la inteligente idea de usar un potente plaguicida para matar unos zorros, que además no son los culpables de que no le hayan pagado la caza, pues la verdadera razón de que no haya cobrado es la de que el arrendador de la caza es un sinvergüenza que achaca a los zorros la falta de caza para no pagar por que la crisis le ha mermado su economía o cualquier otro motivo que le haya podido surgir y que le haya repercutido en su capital pero desde luego y para cualquier entendido en la materia los zorros son uno de los muchos problema que se tienen que estudiar e intentar corregir con sabiduría y sensatez., pero nunca con veneno.

el comentario y justificación que izo este tal Agustín S. M., al decir que él utilizo el veneno pero no con intención de cazar, demuestra aun más la torpeza, la estupidez y la ignorancia de este individuo que cree que si el veneno le hubiera utilizado para poder cazar seria aun mas castigable o mas delictivo.

*Hábitat del lobo*

*Ulises marcando su territorio*

*Agentes del servicio territorial de Medio Ambiente de la Junta de Castilla y León y una patrulla del servicio de protección a la naturaleza (Seprona), intervinieron y denunciaron ayer en la localidad de Villavieja del Cerro a un grupo de siete cazadores que sobre las once horas de la mañana habían abatido en una cacería ilegal tres lobos. La batida o matanza de lobos se estaba celebrando en un extenso maizal donde un grupo de perros Jad Terrier batían la parcela y habían llevado hasta los puestos de los cazadores a otros tres jabalíes y a dos zorros que completaban el botín de los cazadores cuando estos fueron sorprendidos en la localidad aledaña a Tordesillas. Fue precisamente el vocal de la asociación para la conservación y el estudio del lobo ASCEL, Luís Mariano Barrientos, quien realizó la llamada que puso en alerta a los servicios medioambientales hasta que estos dieron con la partida de cazadores. Según Barrientos, «nos encontrábamos realizando una jornada de control sobre un grupo de lobos de los que teníamos constancia que había en la zona cuando nos topamos con un grupo de cazadores en una jornada en la que reinaba una espesa niebla, circunstancia esta que, como todo aficionado sabe, está prohibido cazar. Los cazadores estaban rodeando un maizal y cuando llegó la guardería de medio ambiente ya habían abatido una loba y un lobo macho adultos y otro lobo de año y medio de edad, también habían cobrado los tres jabalíes referidos y dos zorros» puntualizó Mariano Barrientos. Los agentes medio ambientales tuvieron trabajo extra durante la jornada de ayer para identificar al grupo de cazadores que habría infringido de forma grave la Ley de caza ya que según las fuentes consultadas por este periódico, la cacería podría ser, con toda seguridad, ilegal, se estaba cazando con niebla y se habían abatido piezas que, como el lobo, mantienen la categoría de especial protección y solamente se pueden abatir con las autorizaciones pertinentes que expide la Junta de Castilla*

y León. Esta es la segunda ocasión en el plazo de un año que Valladolid
vuelve a la triste palestra por cacerías ilegales en las que los lobos son
las principales piezas abatidas, ya que el año pasado en Villanueva de
los Caballeros se produjo otra matanza del cánido que tuvo repercusión
y se Publicó en el diario de Valladolid EL MUNDO.

Después de leer las noticias sobre lobos y las ayudas a los ganaderos y sabiendo lo que sabía tanto de unas cosas como de otras, Braulio se quedó un rato pensando en todo ello y llegó a la conclusión de que tenía que actuar por su cuenta para velar por la salud de sus animales y también de su salud y de sus intereses y sabía que tenía que enfrentarse con el lobo más astuto de toda la comarca y el animal más listo que había conocido jamás,  y necesitaba la ayuda de su amigo Pablo un cazador de Toledo de 51 años que en sus tiempos fue uno de los mayores furtivos del país y que entendía a los animales mejor que nadie, y ahora estaba viviendo retirado de toda actividad cinegética y disfrutando de una pensión por discapacidad en un pueblo cerca de Toledo y al que Braulio conocía desde hacía más de 30 años.

7 de abril de 2004 en una cueva situada en la frontera entre España y Portugal en la sierra de la culebra en medio de un lugar inaccesible y espeso de vegetación abrupta y frondosa del término municipal de Santa Cruz de los Cuérragos; una loba pare 5 lobeznos 2 machos y 3 hembras, Siria que es como se llamaba la loba después de parir sus 5 cachorros y con el cariño maternal que la caracterizaba se puso a limpiar con su Áspera lengua a sus cachorros hasta que los dejo secos y sin ningún resto de los flujos del parto, después se comió la placenta y se tumbó en la cueva para descansar sin importarle los ruidos que hacían sus 5 fieras, poco tiempo fue, pues en seguida empezaron sus hijos a engancharse en los pezones de sus mamas para calmar su hambre lobezno que ella como buena madre consentía con agrado, los cachorros pasaron 2 meses en las cuevas que sus padres tenían distribuidas por toda la sierra y que las cambiaban con mucha frecuencia, sin salir para nada de ellas y lo único que hicieron durante este tiempo fue mamar y dormir, Siria y Ulises que era el padre, durante esos dos meses se dedicaron a cazar a otros animales de los que habitan en la sierra, pero en especial las crías de ciervos, corzos y jabalís, sin menospreciar

cualquier otro animal, pero poniendo mucho cuidado en no acercarse a las aldeas donde habita el hombre, Siria y Ulises a veces cazaban los dos juntos y otras veces solo cazaba uno y el otro se quedaba al cuidado de la prole, cuando nacieron los cachorros Siria les puso a cada uno su nombre, a los machos les puso el nombre de Thor y Sócrates, y a las hembras Diana, Blanca y Malvasía., Thor era muy bruto y peleón y Sócrates todo lo contrario era calmado y paciente desde sus primeros días demostró poseer una gran astucia al igual que Blanca, Sócrates y Blanca eran los más listos y así lo demostraron desde que nacieron, cuando contaban con unos pocos días eran los que mamaban mas pues no entraban en peleas como los otros tres que siempre estaban regañando y gruñendo.

*Ulises y Siria aullando*

*Ulises y Siria en su cortejo*

*Los cachorros con 10 días*

*Siria amamantando a sus crías*

*Siria trasladando a un cachorro*

*Tohor con un mes*

*Dos cachorros con 20 días*

Para primeros del mes de Junio los cachorros empezaron a salir de la cueva sin alejarse más de cinco metros de ella y siempre estando sus padres cerca, durante todo el verano hacían salidas esporádicas toda la familia donde los padres les iban enseñando a sus cachorros las cosas fundamentales del mundo donde habitaban, les enseñaron a distinguir lo bueno de lo malo lo que se podía hacer y lo que no se podía hacer, les enseñaron a distinguir a todos y cada uno de los animales de la sierra a los que podían cazar a los que no y sobre todo de los que se tenían que esconder y cuidar muy mucho de que no les vieran, un día estando en las tareas de enseñanza y en un descuido de los padres, Malvasía se encontraba un poco separada del grupo olisqueando por todas partes cuando sintió un pinchazo tremendo en su frágil hociquito y dando un aullido de dolor, corrió hacia sus padres pidiéndoles su protección, los padres tardaron 5 segundos en llegar al lado de su cachorrita a la que ya le empezaban los temblores y mareos, los padres al verla sintieron una gran angustia pues sabían el desenlace que le esperaba a Malvasía, la madre se quedo con Malvasía lamiéndole la herida al mismo tiempo que gemía de angustia, y viendo como se le iba yendo la vida a su querida cachorrita,

*Siria y Malvasía*

*el padre se abalanzó sobre la víbora maldita que avía picado a su hija y esquivando el ataque de esta la mordió y movió la cabeza varias veces muy rápidamente con toda su rabia y su dolor, partiendo a la vicha en dos, los otros cuatro cachorros se quedaron atónitos al ver la escena que no olvidarían en lo que les quedase de vida, y vieron como su hermana moría entre temblores sin que su madre pudiera hacer nada por ella, Ulises obligo a los 4 cachorros a oler durante un rato a el animal que acababa de matar y les dijo que no olvidasen nunca ese olor pues les podía pasar lo mismo que a su hermana.*

*Thor con seis meses*

Siria y Ulises después de la perdida de Malvasía se dedicaron a enseñar a sus otros cachorros lo que eran los reptiles y cuales tenían veneno y cuáles no y lo que tenían que hacer si se encontraban con una víbora, para el aprendizaje empezaron con pequeñas lagartijas a las que hacían correr detrás de ellas a sus cachorros lanzando y parando el hocico, siguieron con los lagartos empezando por los pequeños y después con los grandes y para terminar con las culebras en la última lección les aconsejaron dejar en paz a las víboras y cuando oliesen alguna alejarse del olor, después les enseñaron a cazar roedores, peces, ranas y otros animalillos de la sierra y les dijeron a los que tenían que dejar en paz y no molestar nunca, entre ellos y el más importante era el ser humano,

*Blanca con un año*

*Sócrates aullando*

25 de Enero de 2007 en un pueblo de la provincia de (TOLEDO) a las 10 de la mañana suena el teléfono en casa de Pablo, diga, ola Pablo como estas soy Braulio el de Robledo, hombre Braulio, yo estoy fenómeno y tu como te encuentras, de salud muy bien pero tengo un problema muy gordo y necesito hablar contigo urgentemente pero no por teléfono, es mas necesito que vengas a mi casa pa una temporá., no me digas mas Braulio en cuanto solucione aquí algunas cosas me voy para Robledo, en 2 ó 3 días estoy allí.

El 28 de Enero de 2007 Pablo se presenta en casa de Braulio que le recibe con mucha alegría y dándole un fuerte abrazo, no pasan los años por ti le dice Pablo a Braulio, quita, quita que ya son 76 y muy trabajaos, calla quejica que yo tengo 51 y estoy peor que tu, anda, anda, venga pasa y siéntate que nos vamos a echar un vino y te cuento, venga sí que me tienes intrigao.

*Thor con un año*

Se sientan los dos amigos en un pollo junto a una chimenea en la que arden unos grandes troncos de roble que sueltan el suficiente calor para dejar la estancia cálida y agradable, Braulio había sacado una botella de vino del que fabrica él mismo y dos vasitos pequeños de cristal y después de llenar los dos vasos y darle uno a Pablo, comienza su relato, hace unas semana me entró un lobo en el corral y me esquilmó, me izo un destrozo brutal, me mató al pelanas, esto lo dijo con lagrimas en los ojos y apagándosele la voz, el pelanas era un perro carea que le regalo Pablo 10 años atrás cuando tenía tan solo 2 semanas de vida, y me mato 9 ovejas, a la burra la comió las orejas y la destrozo el cuello, ahí está que no se si la voy a poder salvar, ya ha venido el veterinario 5 veces a pincharla y yo la limpio las heridas todos los días dos veces, me han dao un palo mu gordo Pablo, mu gordo, aquí ya sabes que hemos vivido siempre con los lobos y que algún precio hemos pagao, para mí siempre ha sido poca cosa y el poco daño que me habían hecho siempre era en el monte, nunca se avían acercado tanto, es que si seguimos así el día menos pensao se meten en mi cama, desde hace unos meses están haciendo verdaderas sarracinas y ya sabes lo que pasa con los administradores y políticos que prometen mucho, te dicen lo que quieres oír y se olvidan de ti, te mandan a sus lacayos pa hacer el paripé y estos te dicen que no hagas nada que ya lo harán ellos y lo único que se les ocurre es poner un cebo haber si entran los lobos y claro que entraran lobos pero no el que me a esquilmao a mí, no, este no va a entrar tan fácilmente y no te creas que es un lobo viejo que no, es un lobo joven de no más de 3 años y mira que los lobos son listos pero este es algo fuera de lo normal, me mato a él pelanas sin que me pudiera avisar y eso era casi imposible pues bien enseñao le tenía a que me ladrase cuando sintiese lo más mínimo, yo he estado unas cuantas noches en vela esperándole con la mocha entre las manos pero no me ha servido de ná.

*Tertulia entre buenos amigos contando cosas de lobos*

Después de la muerte de Malvasía la familia lobuna de Siria y Ulises siguió sus andanzas por la sierra con mucho más cuidado y salían de las loberas solo para recibir sus clases de aprendizaje pero eso era con luz del día por que por la noche salían más con los padres y era cuando mas aprendían.

A mediados de otoño cuando los cachorros contaban con 7 meses de travesuras, percances y experiencias, Ulises empezó a enseñar a sus hijos llevándose cada vez solo a uno de ellos, mientras que Siria cuidaba del resto, al primero que saco en solitario fue a Thor y no salieron de la cueva hasta muy entrada la tarde como a 2 horas antes de que oscureciera y estuvo con el asta que amaneció que volvieron a la lobera, durante todo este tiempo Ulises se esforzó en enseñar a su hijo el sigilo y cuidado que tenía que tener a la hora de moverse por el monte y a perfeccionar los sentidos del oído, vista y olfato, esto lo izo durante 4 días con el mismo cachorro, después lo repitió con diana, Sócrates y por ultimo con blanca, cuando los cachorros sabían lo más importante para sobrevivir, Ulises y Siria empezaron a enseñar a sus cachorros a cazar en serio y para el primer día eligieron dar caza a una piara de ciervas que tenían controladas desde unos días antes y que se encontraban como a 10 kilómetros de distancia de la cueva en la que habitaban en ese momento, los padres enseñaron a sus hijos que no deben atacar nunca en pleno día y que deben esperar a que se hiciera de noche, o que estuviese atardeciendo, por lo menos en primavera, verano y otoño, pero lo que sí que tenían que hacer de día y poco antes de anochecer es estudiar a sus presas y el terreno donde están para saber a cual atacar y donde, a las 7 de la tarde salieron toda la familia de la cueva pues a las 9 se aria de noche y ellos en cosa de media hora más o menos estarían controlando la piara de ciervas, una hora después de haber dejado la lobera la familia de lobos ya tenían sus ojos puestos en las ciervas,

*Ciervas observadas por los lobos*

Ulises y Siria ya sabían que la piara de ciervas la componían 3 ciervas grandes, una de 4 años otra de 3 y la otra de 2 y llevaban con ellas dos cervatillos de entre 6 y 7 meses de edad, los lobos prepararon su ataque teniendo previsto que Ulises atacaría a la matriarca para desconcentrar al resto Siria se ocuparía de la cierva de 3 años, Thor de la de 2 y Sócrates, Diana y Blanca se abalanzarían sobre los dos cervatillos, cuando ya estaban todos ocupando su lugar de ataque y prácticamente entre dos luces, Ulises sale como una flecha hacia el cuello de la matriarca, y todos los demás hacen lo mismo hacia sus respectivas presas, Ulises hace presa con sus potentes dientes en la yugular de la matriarca que no para de dar botes y mover la cabeza para desprenderse de tan terrible tenaza, pero Ulises la tiene bien cogida con *sus poderosas mandíbulas que ya han hecho presa y no van a soltar y al mismo tiempo hace fuerza para echar a su presa al suelo, Siria también tiene cogida por el cuello a su presa y Thor que se lanzó al cuello de la suya como lo que es, no pudo hacer presa en ella puesto que esta fue más rápida y pudo esquivar el mordisco y huir despavorida monte a trabes, Thor instintivamente la dejo marchar y corrió en ayuda de su padre que todavía no había podido echar al suelo a la matriarca agarrándose con saña a una oreja de esta y tirando con fuerza para abajo y así entre los dos consiguieron que la matriarca cayera al suelo donde se quedo inmóvil petrificada de miedo y de terror, Siria tenía también a su presa inmovilizada en el suelo y los otros 3 cachorros estaban descuartizando a los 2 cervatillos, cuando estuvieron seguros de que los tenían bien muertos Diana se fue corriendo a ayudar a su padre y Sócrates y Blanca a su madre, y en cosa de media hora habían terminado con la vida de 4 animales de los que dieron buena cuenta, los restos los escondieron como pudieron entre los arbustos mas frondosos intentando dejar el menor rastro posible para no delatar ni su presencia ni su futura comida de varios días.*

*Siria descansando en la puerta de su guarida*

Braulio y Pablo siguen ablando y bebiendo el vino de pitarra al calor de la chimenea, necesito que caces a ese lobo Pablo, le insistía Braulio, tu eres el único que puede hacerlo pues todos estos meningíticos, salta charcos y brincamontes que andan por aquí no lo van a conseguir por mas que le den al coco inventando tretas y artimañas, y en cuanto atrapen a algún lobo que no tardaran mucho se olvidaran del asunto y aquí seguiremos con el mismo problema y a mi casa que ya la conoce va a volver esa alimaña maldita, y cuando mas descuidado esté, por eso me tienes que ayudar, si hubiese otro por aquí que pudiera acabar con el problema nunca te abría echo venir pero por aquí no ay nadie con tu astucia y sabiduría, y yo ya no estoy pa mas berrinches ni disgustos, de sobra sé que no te gusta tener que matar lobos y que sientes mucha simpatía por ellos pero en este caso tienes que hacer una excepción; bueno no te preocupes que me quedare aquí hasta que acabemos con esa fiera, pero escucha lo que te digo, tenemos que tener mucho cuidado de que no se entere nadie del motivo por el que estoy aquí, porque si acabo con ese lobo y se entera alguien me meten en la cárcel, si los forestales o los guardias matan siete lobos no es delito pero si yo mato uno aunque sea para hacer un bien, si lo es, le has dicho a alguien algo de tus intenciones, no solo lo sabemos tu y yo, vale, si alguien te pregunta por mí, di siempre lo mismo que estoy escribiendo un libro sobre lobos y me voy a quedar una temporada hasta que le acabe, así tendré más campo de acción y nadie sospechara nada si me ven por el campo con los prismáticos y un bloc de notas, porque si sospechasen que nos queremos deshacer de un lobo usando nuestros propios medios no nos van a dejar ni a sol ni a sombra, y tendremos a los forestales y al Seprona constantemente encima nuestra, y no te digo ná si se entera algún ecologista, que entonces nos van a linchar y nos van a sacar en televisión y en todos los medios de comunicación como si fuéramos los mayores asesinos de España., me he traído un ordenador que solo yo puedo usar y donde voy a ir guardando todos los datos de interés que me puedan servir para nuestro propósito, y me tendrás que ir proporcionando algunos datos que te valla pidiendo, y vamos a empezar ahora mismo, me tienes que decir cuántos guardias ay en la zona y cuantos pertenecen al Seprona, y todo lo que sepas sobre ellos, y lo mismo de los forestales, tengo que saber todo de las personas que nos puedan causar algún daño, también tendré que pedir a mi amigo Julián los aparatos de visión nocturna y empezaremos por intentar localizar el área por donde habita el asesino, te advierto que no debemos tener ninguna prisa pues si nos precipitamos nos puede costar el fracaso y que todos nuestros esfuerzos no valgan para nada, y lo que es peor que yo me tenga que ir y tu sigas con el problema aquí, a si que tu vas a seguir con tu vida de siempre y yo me dedicaré a escribir un libro, después de comer nos iremos a tomar café al bar donde tu aras correr la voz de que estoy escribiendo un libro sobre la vida de los lobos, y así me abres las puertas para que yo pueda ir por todas partes preguntando a todo el mundo, ahora cuéntame con todo tipo de detalles lo que ocurrió la noche que te entro el lobo y todo lo que hallas ido recopilando de otros ataques en 60km., a la redonda, desde ese día hasta hoy y de todo lo que te sigas enterando, ahora mismo le voy a llamar a Julián para que me traiga los aparatos de visión nocturna que son de última generación y nos van a venir muy bien para nuestros propósitos.

*Thor corriendo hacia su presa*

*Thor con dos años a punto de atacar*

*Redil trampa*

*Thor y Sócrates jugando*

*Puerta del redil trampa*

*Braulio y pablo con 30 años menos*

Pablo fue incorporando en su ordenador todos los datos e informes que le dio Braulio, y al cabo de 3 días ya disponía de todos los datos y medios para empezar a elaborar un plan de búsqueda y seguimiento, el cuarto día después de que Pablo llegase a Robledo se entero de que en Villadeciervos se acababa de producir un ataque de un lobo en el mismo pueblo, Pablo se dirigió a ese pueblo sin pérdida de tiempo y contactó con el ganadero que había sufrido el ataque del lobo, el cual le llevo al lugar de la lobada donde Pablo tomo las fotografías que considero oportunas y después empezó a rastrear a la fiera, siguió el rastro del lobo durante todo el día dejando de seguirle a las 6 de la tarde, durante el seguimiento del rastro Pablo habría andado como 9 o 10 Km. subiendo y bajando cerros y cruzando llanos y espesuras, durante todo este trayecto Pablo vio otras huellas de lobos pero ni tan grandes ni tan frescas como las que iba siguiendo, aparte las huellas del lobo que seguía tenían una peculiaridad en una de sus patas, antes de dejar el rastro para volver al pueblo izo unas fotografías a las huellas más visibles para estudiarlas en el ordenador con más detenimiento, ya en casa de Braulio Pablo metió las fotografías en el ordenador y dejo archivados una serie de datos que había ido recopilando durante ese día, cuando examinó las huellas en el ordenador detenidamente observo que en la pata izquierda delantera, una de las almohadillas hacia un ocho mientras que las otras eran más redondeadas, detalle que ya había observado cuando empezó a seguir el rastro, esa noche Pablo cenó un par de huevos fritos de esos que ponen las gallinas de Braulio y acompañados con tomate frito del que guarda este en su despensa y que todos los años hace de forma natural, sofriéndolo con ajo, pimiento verde, cebolla y pimienta negra los tomates morunos que se crían en su bien cuidado huerto, después de cenar se quedaron los dos amigos ablando un rato al calor de la lumbre como tenían por costumbre para después meterse en la cama y caer rendidos como dos chavalines.

Excremento de lobo visiblemente en un camino, forma de marcar su territorio, en el que se podía ver los pelos de corzo y lana de oveja

Ulises y Siria ya tenían a sus cachorros criados y enseñados para que pudiesen aguantar el frío invierno que se les avecinaba, y repitieron sus ataques a ciervos en muchas ocasiones pero no todas tenían éxito pues su olor lobuno les delataba en alguna de ellas, bien metido el invierno para mediados de enero un día andaba la familia detrás de un gran ciervo que aunque tenía una gran cornamenta era un ciervo viejo de 11 o 12 años y ya había perdido mucha agilidad y fuerza, cosa que a nuestros lobunos amigos no les había pasado desapercibida y sabían que entre los 6 componentes de su grupo podrían cazarlo sin mucha dificultad, los lobos llevaban 2 días detrás del ciervo estudiándole y el tercer día se lanzaron hacia él, que al ver a las fieras emprendió una frenética huida, que duro dos horas, después de las cuales el ciervo se paró pues el agotamiento izo mella en él, momento que aprovecharon los lobos para lanzarse a él atacando por todos lados, Thor que era el más temerario quiso coger al ciervo por la yugular pero este con un movimiento rápido de cabeza cogió al lobo con su gran cornamenta lanzándole por los aires, Sócrates que estaba esperando su turno también se lanzo al cuello trincando con fuerza la yugular del ciervo, inmediatamente se lanzaron todos los demás y tumbaron a su presa donde la tuvieron inmovilizada durante 15 minutos que tardo en morir, antes de que muriera los lobos empezaron a comerse al ciervo empezando por los jamones, todos menos Thor que permanecía tumbado y dolorido lamiéndose las heridas que le había causado el ciervo al pincharle con su cornamenta pues tres de las afiladas puntas de esta se avían clavado en su cuerpo, los demás miembros de su familia después de comer del ciervo se acercaban a Thor para animarle a que se levantara y comiera del ciervo, cosa que después de un rato izo, aunque las heridas no eran mortales si le iban a tener con molestias y dolores, durante una buena temporada y el recuerdo de la cornada no se le olvidaría nunca,

*Ulises y Thor cazando*

*4 de febrero de 2007 Pablo se levanta a las 9 de la mañana sin ninguna prisa pues no piensa irse al lugar donde dejó las pistas del lobo el día anterior, hasta las diez o diez y media de la mañana, después de asearse se encamina a la cocina donde Braulio que ya llevaba dos horas levantado le acababa de dejar una buena taza de café con leche, unas tostadas, mermelada y nata fresca, después de desayunar opíparamente, Pablo se acercó al corral donde Braulio estaba con una gasa en la mano limpiando las heridas a su burra que ya casi estaban secas, hace un rato a estado aquí una pareja del Seprona preguntando por ti y aunque les he dicho que eres un escritor que está escribiendo un libro de lobos me han hecho un montón de preguntas y me han pedido tu nombre y dirección, es muy fácil que te estén vigilando, si bueno yo ya contaba con ello; después de ayudar a su amigo a atender a sus animales y cuando dieron las diez y media, Pablo metió en un zurrón los prismáticos la cámara de* fotos un bloc de notas una botella de agua un trozo de queso un trozo de pan un trozo de cecina de vaca y una naranja y después de despedirse de su amigo, se puso en camino a seguir con sus pesquisas, cuando llego al lugar donde dejo las huellas el día anterior, siguió buscando y aunque ya no eran tan visibles, comprobó que se encaminaban a un pinar cercano y cuando llego a él, observó que este estaba muy cerrado de maleza y que dentro del pinar no iba a poder seguir las huellas, estudió el terreno que le rodeaba y vio un cerro en el que coronaba una cresta de altos riscos, y pensó en subirse a ellos y preparar ahí un observatorio desde donde poder observar todo el terreno que se domina desde el cerro que son bastantes kilómetros a la redonda, y sobre todo el pinar donde se metió el lobo, cuando llegó a los riscos buscó el sitio más idóneo para esconderse y cortó unas ramas de jara y rebollo que fue colocando como pudo haciendo una especie de chozo donde se metió y pasó todo el día hasta las seis de la tarde sin que el lobo diera señales de vida, como a 6 kilómetros del cerro pasaba una carretera; Pablo se bajo a ella por la zona menos complicada y que estuviese lo suficientemente tapada de maleza para irse camuflando con el monte, cuando llego a la carretera se dirigió por ella a donde había dejado su coche que tardo una hora en llegar a él, y a las siete y cuarto llegó a casa de Braulio que al ver a su amigo le preguntó, "que tal se te a dao", nada no he visto nada, se que se mete en un pinar muy sucio y espeso que es el que tengo que vigilar durante unos días y lo voy a hacer desde unos riscos que ay en un cerro que domina gran parte del pinar, donde ya me he hecho un puesto de observación, mañana me iré antes de amanecer pues quiero estar en el cerro antes de que haya luz y por la tarde aguantare hasta que se haga de noche.

*Riscos del puesto de vigilancia*

*Terreno a dominar para controlar los movimientos de los Lobos*

*Thor en una persecución*

*Thor comiendo de un ciervo*

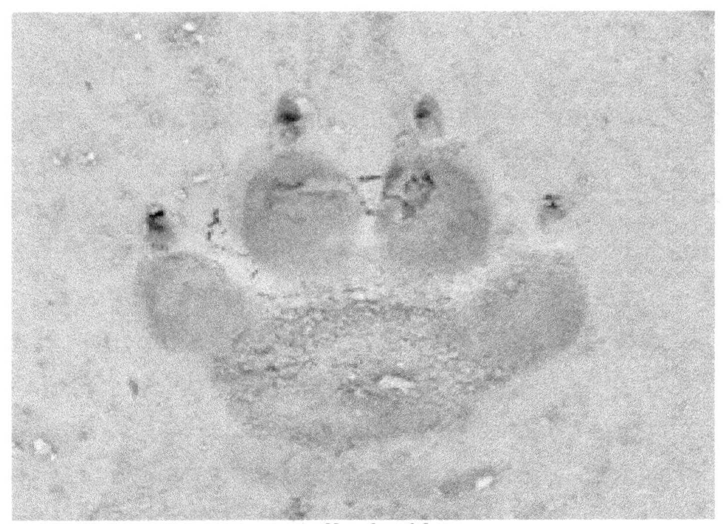

*Huella de Ulises*

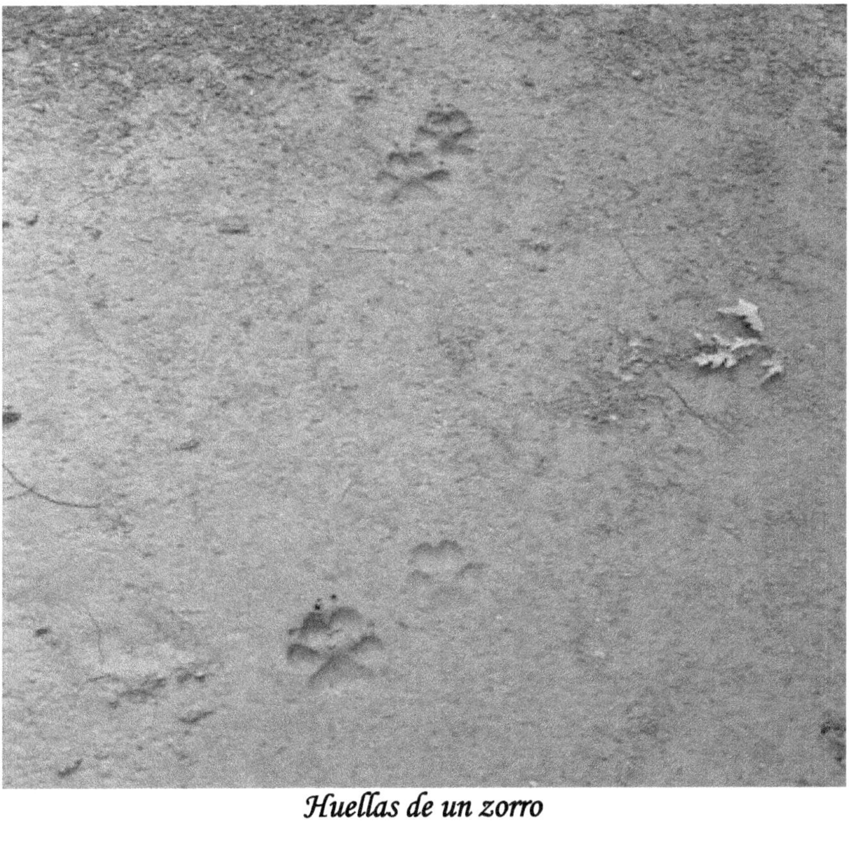

*Huellas de un zorro*

El ciervo les duró 3 días después de los cuales los lobos tendrían que volver a cazar; los días los pasaban prácticamente inactivos escondidos en los pinares y en las zonas más espesas de la sierra, siendo la oscuridad de la noche la que les da la seguridad suficiente para salir de sus escondites y guaridas; cuando se comieron el ciervo por completo y no les quedaba más que los huesos roídos totalmente, estuvieron unos días sin catar la buena carne que tanto les gustaba y aunque intentaron localizar a alguno de los animales por los que tienen predilección como el ciervo, corzo o jabalí no lo pudieron hacer puesto que estos les iban dando esquinazo constantemente, después de estar 5 días sin comer más que pequeños animalillos y alguna que otra carroña, localizaron una piara de 4 ciervos jóvenes, y les prepararon la emboscada, Thor aun no estaba repuesto de las cornadas del último ciervo pero a pesar de ello acompaño a la familia en la cacería, en esta ocasión tenían que intentar apartar a uno de los 4 ciervos del resto para entre todos hacerse con él y así planearon la estrategia de ataque, los 4 ciervos aunque eran jóvenes no lo eran tanto como para no tomarles en serio pues estaban muy fuertes y portaban grandes cornamentas gordas y afiladas, como casi siempre Ulises comenzó el ataque y el resto detrás manteniendo sus posiciones, se dirigieron todos hacia uno de los ciervos que estaba más alejado del resto, pero este en seguida se dio cuenta de lo que pretendían los lobos y dando grandes brincos se dirigió al resguardo de los otros ciervos, que también emprendieron la huida veloz mente, en cosa de segundos los 4 ciervos se encontraban juntos y corriendo a galope tendido, y los 6 lobos detrás de ellos relamiéndose pensando en lo jugosa de su carne, cuando ya les tenían muy cerca y pensando que no habría quien les amparase, llegaron al pantano al que se dirigieron cuando empezaron la huida y que sabían que era una de las vías de escape más aconsejable, los lobos que vieron las pretensiones de los ciervos aceleraron el ataque y ya casi en la orilla del pantano Ulises estuvo a punto de alcanzar a uno de los ciervos, pero este al sentir al lobo tan cerca apretó aun mas su carrera y los 4 ciervos se metieron en el pantano y no pararon de nadar hasta llegar a la otra orilla, los lobos desistieron de seguirles y se separaron esa noche yéndose Siria y Ulises por un lado Thor y Diana por otro y Sócrates y Blanca por otro, Siria y Ulises se dirigieron a una zona donde en ocasiones encontraban restos de animales que el hombre llevaba hasta ahí, Thor y Diana anduvieron deambulando asta oler un perfume que les embriagaba y siguieron hasta ver un resplandor al que se aproximaron con mucho sigilo y no demasiado, quisieron acercarse más y sintieron un ladrido distinto al aullido de ellos y detrás varios ladridos mas, instintivamente se dieron la vuelta y alejaron del resplandor, y siguieron buscando algo a lo que echar el diente por otra zona de la sierra, Sócrates y Blanca se fueron a donde estaban los restos del último ciervo que mataron donde intentarían rebañar lo rebañado, al amanecer se volvieron a juntar todos los miembros de la familia, durante varias semanas anduvieron lanzando ataques esporádicos y solo tuvieron éxito en dos ocasiones en una de ellas mataron a una corza y a sus dos corzesnos y en la otra mataron a dos jabalinas y a sus 8 jabatos, en otra ocasión que se toparon con una mula que se había escapado también dieron buena cuenta de ella, para primeros de marzo Siria se puso en celo lo que atrajo a lobos machos de otros clanes y tanto Ulises como los demás miembros de la familia tenían que hacerles frente, Siria volvió a quedarse preñada de Ulises., nuestra familia de lobos que pudo sobrevivir a ese invierno cuando empezó la primavera se llenaron de felicidad pues la estación más dura para ellos y con diferencia es el invierno, pues en las demás estaciones siempre tienen algo a lo que hincar el diente sobre todo en primavera que es cuando paren la mayoría de los animales y en verano que las crías tienen pocos meses de edad y las cazan con facilidad, a primeros de junio Siria parió 3 cachorros, un macho y dos hembras, el macho y una de las hembras eran muy negros por lo que les puso de nombre Mulato y Negrita, a la otra la llamo Malvasía en recuerdo de su *cachorrita a la que la mato una víbora, estos tres cachorros se criaron muy bien pues tanto los padres como los hermanos contribuían en alimentarles y enseñarles a sobre vivir. La primavera, verano y otoño nuestra familia de lobos la pasaron como siempre cazando, pescando y jugando, lo peor fue al llegar el invierno, que empezó muy pronto y fue muy duro, y en el que perdieron la vida dos de sus componentes.*

*Mulato*

*Diana y Mulato en una pelea con un gran jabalí a Mulato le abrió en canal con una certera colmillada echándole todas las tripas fuera y a Diana la corto los tendones de las patas traseras lo que provoco su invalidez y al cabo de unos días su muerte, ese invierno Thor y Sócrates sintieron la llamada del amor y dejaban con frecuencia la manada para* campear en solitario y cada uno por su lado, en busca de futuras parejas, los dos encontraron novia que tuvieron que ir cortejando esporádicamente y sin que los demás miembros de sus manadas se dieran cuenta, o a base de zalamerías ir integrándose en el grupo, ese año vieron también por primera vez a el hombre, el único animal que podía hacerles daño a ellos, Sócrates se guardo muy mucho de no arrimarse a los humanos, pero Thor que aunque era muy listo también era muy temerario y para presumir delante de su amada loba y agasajarla con regalos se decidió un día después de estudiar al humano a quitarle una borrega y ofrecérsela a su amada, como la cosa le salió bien pues no le había pasado nada y su loba se lo agradeció dándole lo que este la pidió no fue la única vez que le robo al humano aunque puso mucho cuidado de no ir nunca al mismo sitio, Thor y su loba Sena poco a poco se fueron haciendo adictos a la carne de oveja y aunque también eran buenos cazadores de otros animales salvajes se les había metido en el cuerpo la fiebre asesina que les volvía locos, el placer de degollar ovejas y ver su sangre esparcida por doquier, cada vez se arriesgaban mas y perdían mas el respeto al humano cosa que les costó algunos buenos sustos, sobre todo cuando estaba terminando el invierno un día que se metieron en un redil de ricas ovejas al que no guardaba ningún mastín y al que entraron con mucha dificultad pero una vez dentro y después de inflarse a matar ovejas y comerse una de ellas no podían salir pues la paré era más alta por dentro que por fuera y no alcanzaban a lo alto, después de intentarlo durante varias horas y viendo que pronto se aria de día y vendría el humano, se dedicaron a ir amontonando ovejas, una sobre otra al pie de la paré y así subir por ellas hasta poder saltar, cosa que hicieron cuando empezaba a amanecer.

*Thor con una oveja recién muerta*

5 de febrero del 2007 Pablo se levanta de su cálida cama a las 5 de la mañana después de vestirse se dirige a la cocina donde calienta un cazo de café con leche y al que le añade una copa de coñac después lo echa en un termo y le mete en el zurrón en el que ya había preparado por la noche antes de acostarse todo lo demás, después de abrigarse bien y coger su zurrón y su vara de apoyo, se encamina a el cerro donde tiene su puesto de observación, primero con el coche, que deja al pie de la carretera y después andando los 6 kilómetros que ay desde la carretera hasta lo alto del cerro que los hace sin prisas pero sin pausa y con mucho sigilo, cuando llega al cerro todavía de noche extiende en el suelo del chocillo una manta y se echa otra por los hombros, saca del zurrón el termo y se echa una taza de café que va bebiendo a sorbos saboreándolo con agrado, al cabo de 20 minutos empieza a venir el día clareando con

lentitud, y después de 10 minutos mas aunque el sol no había salido, ya se veía el horizonte, y Pablo empezó a buscar con los prismáticos oteando todos los alrededores, en seguida vio un lobo que se iba tapando entre los tomillos, jaras y brezos; miró un poco más atrás y vio otro que seguía al primero a varios metros de distancia, con su trote lobuno iban derechos a el pinar, por el que desaparecieron en pocos minutos, Pablo siguió oteando con los prismáticos durante dos horas sin volver a ver ningún lobo y se acurruco en el chozo donde se quedo dormido serian las 2 de la tarde cuando se despertó y volvió a coger los prismáticos y después de estar 15 minutos mirando sin observar nada los volvió a dejar en el suelo y a mano y se puso a comer, cuando termino se dirigió a donde había visto a los lobos para coger las notas de interés y hacer fotografías a las huellas, comprobó que no era el lobo del otro día y que se trataba de un macho y una hembra, después de tomar los apuntes pertinentes y hacer algunas fotografías, Pablo se volvió a el cerro donde se quedo hasta que cayó la noche, desde donde poco antes de anochecer pudo ver otra vez a la pareja de lobos pero tan solo un momento que es el que tardaron en salir del pinar por lo mas lejos de este y desapareciendo rápidamente en el horizonte, cuando empezó a anochecer Pablo se encaminó hacia donde había dejado su coche y cuando llegó a él, allí le estaban esperando una pareja de guardias civiles del Seprona, que le pidieron la documentación y le exigieron que abriera el vehículo, cosa que izo sin darle ninguna importancia y sin que le molestase en absoluto, estos después de comprobar su documentación y registrar de arriba abajo su coche le preguntaron que qué hacía allí a lo que les contesto que estaba tomando notas para su libro, pero estos lejos de dejarle que siguiera su camino tranquilamente le increparon diciéndole que eso era mentira y que si se pensaba que ellos eran tontos, que él estaba de caza y que les entregara el arma, Pablo al oír aquello y en ese tono déspota, despectivo y totalmente irrespetuoso les dijo que él no tiene ningún arma y que no está cazando y que no comprendía cómo no avían cambiado y seguían actuando como antes de la constitución, y tú has cambiado tú sí sabemos que tienes 6 denuncias de caza, haga usted el favor de no decirme lo que yo ya sé y de no recordarme mi vida pasada que me está usted ablando de denuncias hechas hace mas de 25 años y yo también les podría recordar a ustedes todas las atrocidades que a echo la guardia civil que son muchas y seguro que a ustedes no les gustará escucharlas así que cumplan ustedes con su trabajo conforme al estado de derecho y a la constitución y no se aprovechen de su uniforme y cargo ni de la ley de seguridad ciudadana, y si piensan ustedes que estoy cazando demuéstrenlo y si no tienen ustedes nada más que los pensamientos de sus mentes podridas, aguántense y cúrense pero no molesten a los ciudadanos que enmendaron sus errores y que ahora hacen una vida tranquila y normal, tu eres un chulo y te vamos a poner una denuncia que te vas a cagar, Pablo como veía que estos guardias eran de esos que no les importaba ser soberbios déspotas y prepotentes, y que intentaban provocarle para forzar una detención, no entro en su juego y se cayó sin volver a abrir la boca y aguantó todas las impertinencias que estos guardias sin temor a ser castigados por ello le imponían, y estos en cuanto se dieron cuenta de que Pablo no les seguía el juego y no le iban a poder detener en ese momento, solo le pusieron una denuncia alegando que avía dejado el coche en mal lugar, y le dejaron marcharse aunque le siguieron hasta casa de Braulio, cuando se lo contó a Braulio este le dijo, mañana mismo me voy al cuartel a quejarme al capitán, no Braulio ya sabes mi lema usa siempre primero la cabeza y luego el corazón y no al revés, si vas tú a quejarte cuando yo me valla tu seguirás aquí y te harán la vida imposible así que tu no hagas nada y olvídalo, pero yo si lo tengo que hacer lo primero porque si se les ocurre denunciarme con cualquier mentira, para tener un justificante de lo que me han hecho esta noche y lo segundo porque si les denuncio no se van a volver a meter con migo, aunque si me van a estar vigilando pero eso no me preocupa. A la mañana siguiente Pablo llamó al 112 y les indicó que tenía intención de ir al cuartel de la guardia civil de Tábara a dejar reflejado en el libro de atención al ciudadano el atropello que había tenido la noche anterior por parte de dos guardias del Seprona y que quería que quedase constancia en esa unidad por si le ocurría algo en el cuartel, puesto que al ser a dos guardias a los que iba a denunciar se temía que le pusieran algún tipo de impedimento o algo peor, después se encamino al cuartel de la guardia civil de Tábara y pidió ver al comandante de puesto al que le solicitó el libro de atención al ciudadano y este le pregunto que para que y Pablo le dijo que para dejar escrito lo ocurrido la noche anterior con dos guardias del Seprona de ese cuartel, que le acusaron de estar cazando sin ninguna prueba, de recordarle que hace 25 años tuvo 6 denuncias de caza y de dirigirse a él sin ningún respeto y de forma despectiva y cobarde al aprovecharse de que se encontraba solo, el comandante de puesto le dijo, a es usted el del percance de anoche, mis compañeros me han dicho que van a hacer una denuncia contra usted por insultarles y amenazarles. Como dice usted, si dicen que les dijo usted que eran unos hijos de puta y que les iba a matar, pero de verdad le han dicho a usted eso, desde luego esto ya es intolerable, mire usted yo no he insultado jamás en mi vida a nadie y tampoco e amenazado nunca a nadie, lo único que he hecho ha sido defenderme cuando alguien se ha metido con migo pero nada más y en este caso han sido ellos los que me han insultado y me han provocado pero como tenía todas las de perder en ese momento no entré en sus provocaciones y les dejé hacer pero ahora vengo aquí y después de haberlo comunicado en la unidad del 112 a ejercer mi derecho de quejarme a la autoridad competente por medio del libro de atención al ciudadano, el guardia intentó disuadir a Pablo de su intención con argumentos que este ya había oído otras veces cuando alguien quiere denunciar a algún amigo o allegado, Pablo le contestó que cuando un integrante de los cuerpos y fuerzas de seguridad del estado se aprovecha de su poder y no tiene ningún escrúpulo en avasallar a un ciudadano que es al primero que tiene que respetar y proteger, a ese agente de la autoridad ay que escarmentarle para que no lo vuelva a hacer y si lo hiciera una segunda vez habría que expulsarle del cuerpo o mandarle a un psiquiatra y estos dos guardias en vez de actuar como dos buenos profesionales lo han hecho como dos canallas ansiosos de medallas o de ejercer el abuso, y no me queda más remedio que dejarlo reflejado para que sepan que eso no se hace y si lo siguen haciendo no tendré más remedio que denunciarlo en los tribunales de justicia, a mi me han denunciado muchas veces por hacer cosas que no debía haber hecho y he apechugado con ello, pues ahora soy yo el que denuncia a los que me han denunciado a mi muchas veces por ser ellos los que hacen cosas que no deben, cuando estaba Pablo ablando con el comandante de puesto pasó uno de los guardias del Seprona que al verle chilló, **"a que has venido tu aquí"**, Pablo se le quedo mirando con indiferencia y enseguida le contestó el comandante de puesto, tú sigue haciendo tus cosas que ya le estoy atendiendo yo y esto se lo dijo en un tono que el otro compendio enseguida que no le iba a permitir seguir por ay y se fue sin dejar de mirar a Pablo con desprecio, está usted completamente seguro que no quiere cambiar de idea le preguntó el comandante de puesto a Pablo, completamente seguro le contesto este, el comandante de puesto le entregó unas hojas a Pablo que este después de rellenar volvió a entregar al guardia el cual le entrego una copia a Pablo, cuando se fue del cuartel Pablo le dijo a el comandante de puesto que esperaba no volver a tener ningún problema con la guardia civil ya que él iba a estar viviendo durante una temporada en casa de su amigo Braulio y no estaba allí con pensamientos de cazar ni de hacer ningún daño a nadie que lo único que quería era pasar unos días tranquilo e instruyéndose para terminar su libro sobre los lobos, el guardia le dijo que se podía ir tranquilo y que nadie le molestaría si eso verdaderamente era así.

*La familia lobuna comiéndose a una mula*

Thor  y Sena formaron su propio clan y a mediados de marzo de 2006 Sena parió 8 cachorros en una lobera de un monte espeso y pedregoso, cerca de **"peña mira"** y entre los pueblos de Linarejos, Pedroso de la Carballeda y Folgoso de la Carballeda. Para sacar a tanta prole para adelante los padres tuvieron que cazar mucho durante toda la primavera y verano y en invierno se arriesgaban arrimándose muy a menudo al ganado del humano y por muchos pueblos de las comarcas de Aliste, la Carballeda y Sanabria lo que provocó que se hicieran batidas por parte de los aldeanos de estos lugares, las cuales acabaron con la vida de todos los cachorros, el humano también preparó trampas poniendo cebos a los lobos y escondiéndose en lugares estratégicos con sus armas para acabar con los carniceros, que les estaban esquilmando sus ganados.

*Thor y Sena estudiando el terreno*

*Sena con su prole*

*Muerte de un grupo familiar*

Pablo siguió con sus pesquisas y después de tirarse una semana desde antes del amanecer hasta el anochecer en el puesto de los riscos, y comprobar que la guardia civil aunque le vigilase de lejos no se metían con él, se dedico a ir de pueblo en pueblo y de aldea en aldea preguntando a todo el mundo y así se tiro varias semanas y visitó desde Robledo los siguientes pueblos y aldeas, Ungilde, Santa Cruz de Abanes, Rihonor de Portugal y Rihonor de Castilla, Sandin, Manzanal de Arriba, Sagallos, Codesal, Cional, Villadeciervos, Folgoso de la Carballeda, Pedroso de la Carballeda, Linarejos,  Santa Cruz de los Cuerragos, Riomanzanas, Villarino de Manzanas, Rigueruela de Abajo y de Arriba, Flechas, San Pedro de las Herrerías Mahide, Boya, Villanueva de Valrojo, Ferreras de Arriba y de Abajo, Cabañas de

*Aliste y Sarracín de Aliste; después de visitar todos estos lugares le comunico a Braulio que iba a ser muy difícil dar con el lobo que entró en su corral pues estaba toda la zona infestada de ellos, y estaban atacando mucho por todas partes, en esas semanas estuvo registrando huellas en todos los pueblos que visitó y pudo comprobar que el lobo que buscaba había estado en 6 de ellos, Robledo, Pedroso y Folgoso de la Carballeda, Codesal, Cional y Villadeciervos, comprobando estos pueblos en el mapa pudo ver que más o menos están todos en línea recta aunque del primero al último halla unos 30 kilómetros de distancia, y en base a esto preparó su plan de captura.*

*Sócrates con su paso tranquilo y sereno*

Thor y Sena se quedaron solos pues el humano acabó con la vida de sus 8 cachorros, una noche de luna llena y después de llevar varios días sin probar bocado, sintieron un olor que les agradó mucho y se acercaron a ver de qué se trataba, y vieron que eran un montón de pollos muertos de los que dieron buena cuenta y se comieron gran parte de los que había. A la noche siguiente volvieron pues les gustó mucho el mangar que comieron la noche anterior y después de llevar un rato comiendo se oyó una tremenda explosión y Thor vio caer sin vida y a su lado a su amada Sena. Sin perder un segundo se alejo del lugar sin dejar de pensar en su querida loba, según iba huyendo pudo sentir las voces de los humanos que se iban apagando según se iba alejando, Thor no volvió a comer nunca de los animales que se encontró muertos que fueron unos cuantos y se dedico mas a la caza de animales salvajes, un día volvió a la zona donde había nacido para ver que había sido de sus padres y hermanos, y pudo ver que todos estaban allí, estos cuando le vieron salieron a saludarle llenos de alegría moviendo sus rabos, saltando y lamiéndole. Thor estuvo con ellos algún tiempo cazando y comiendo de lo que les daba la sierra, sin acercarse nunca al humano, pero un día sintió las ganas de encenagarse con la sangre de aquellos animales que guardaba el humano y que le volvían loco, y estuvo tres días observando unos que guardaba un viejo perro y que estaban en un pequeño pueblo con muy pocos humanos, el cuarto día decidió atacar a las 3 de la madrugada pues savia que el humano no se despertaría y al viejo perro le pillaría desprevenido, esa noche se acerco muy sigilosamente y de un brinco se encaramo en lo alto de la tapia del corral observando todo lo que allí había, vio al perro durmiendo acurrucado en un rincón, a las ovejas echas un ovillo y a la burra durmiendo placenteramente, al primero que ataco fue al perro que le trinco por la yugular y tiro con tal fuerza que se la saco de cuajo sin que el animalito pudiera ni tan siquiera gemir, después siguió con las ovejas mordiendo y desgarrando una tras otra, cuando se canso de matar ovejas se tiro a por la burra que le intentaba apartar con la cabeza a la que primero arranco una oreja y después la otra para seguir mordiéndola por donde pillaba hasta que recibió una coz que le izo dejarla e irse a comer de una de las ovejas que ya tenía muerta, todo esto no tardo ni media hora en hacerlo luego estuvo otra media hora comiendo y a las 4 de la madrugada se fue para su refugio en lo más frondoso y alto de la Sierra de la Culebra y dentro de la reserva Nacional o Regional.

Sócrates con tres años

Pablo ya había elaborado su plan de captura pues había localizado el sitio exacto donde le tenía que esperar, gracias a los datos que fue recopilando durante muchos meses examinando excrementos, marcas y huellas del lobo que tenía que eliminar, que aunque cambiaba constantemente de zona de pillaje, lo hacía siguiendo una línea recta, *después de examinar detenidamente esta línea, Pablo pudo observar que había un lugar por el que pasaba a menudo sin desviarse ni 15cm, y fue ay donde coloco un lazo corredizo de un fuerte acero y lo dejo clavado en el suelo a una pica de hierro y clavada a más de un metro de profundidad, luego camuflo el cable con el propio ramaje del terreno y borró todas las huellas que dejó en el terreno al preparar la trampa; a 300 metros había un viejo roble donde Pablo en una de sus fuertes ramas preparo una especie de asiento desde donde podía cómodamente vigilar el lazo; Pablo fue todos los días desde que puso la trampa a vigilarla desde el roble y después de llevar 4 días sin ningún resultado el quinto día cuando Pablo se encontraba encaramado en la rama del Roble, holló con gran claridad el aullido de un lobo y muy cerca de la trampa, por lo cual, miró con los prismáticos de visión nocturna en el mismo instante que el reloj del pueblo daba las dos de la noche, y vio perfectamente, como un gran lobo se iba acercando hacia la zona donde tenía puesto el lazo, le veía acercarse cada vez mas de una forma calmada y astuta.*

*Thor con su astuta y aguda mirada*

*Pablo ya estaba saboreando su victoria; el lobo cuando llegó a donde estaba puesto el lazo y a escasos centímetros de este se paró en seco y estuvo unos instantes olisqueando y mirando primero al frente y luego en todas las direcciones, de repente pego un brinco y esquivo el lazo, cuando cayó al suelo sintió que este se hundía a sus pies y notaba como iba cayendo al vacío hasta que sintió como algo atravesaba sus carnes y un tremendo pinchazo en el corazón y noto como se le iba yendo la vida poco a poco hasta que la perdió con su último aliento, Pablo que lo observo todo desde su puesto sintió como en otras ocasiones*

una especie de alegría y tristeza juntas pues acababa de terminar con el
problema de su amigo pero también acababa de terminar con la vida de
un animal que a él no le había hecho nada y por el que sentía respeto y
admiración.

Thor descubriendo el lazo

Pablo se bajó de la rama en la que estaba encaramado y de forma
tranquila y sosegada, se fue acercando a donde había puesto el lazo, lo
quitó y lo echó al foso donde estaba Thor atravesado por un montón de
estacas puntiagudas y afiladas, después se dedico a echar piedras, ramas
y tierra a la fosa hasta dejarla totalmente tapada, cuando termino dejo
la zona como si nunca hubiera pasado nada y se marcho a darle la

noticia a su amigo; cuando llego Pablo a casa de Braulio eran las 5 de la mañana, se acercó a la chimenea la quitó la ceniza que tenia y colocó un buen manojo de leña fina, encima unos troncos medianos y encima de estos tres grandes leños, encendió la chimenea y preparó un poco de café cuando ya ardían los troncos con fuerza se acercó a la habitación donde dormía Braulio y le llamó de forma suave y cariñosa, este al sentir que su amigo le llamaba y ver en el reloj de su mesilla que eran las 5'20 de la mañana comprendió que algo importante había ocurrido, cuando salió Braulio de su habitación vio a Pablo sentado frente a la chimenea con una taza de café en la mano, se sentó junto a él y cogiendo otra taza de café que Pablo le había preparado, Braulio miraba a Pablo sin decir nada mientras saboreaba su café, ya está le dijo Pablo a Braulio, esta noche a caído tu enemigo, está enterrado a un metro de profundidad y atravesado por un montón de estacas, de este ya no tienes que temer nada, ¿cómo has acabado con él?, le puse un lazo y se le camuflé pero como no me fiaba abrí en el suelo un hoyo y su fondo lo llené de estacas puntiagudas y afiladas lo tapé con ramaje y le eché tierra en cima dejándolo totalmente camuflado, el lobo debió oler el lazo y pegó un salto para esquivarlo sin saber lo que le esperaba al otro lado y calló en el foso donde no tardó más de un minuto en morir, luego he quitado el lazo y lo he echado al foso con el lobo y lo he tapado hasta cubrirlo totalmente para no dejar rastro, ahora me voy a acostar un rato y esta tarde te llevare a donde está la tumba para que sepas donde calló tu enemigo y mañana me vuelvo a mi casa.

*Tumba de Thor*

El día 20 de marzo del 2007 a las 12 del medio día, Pablo se disponía a emprender la vuelta para su casa y se despidió de Braulio., espera un poco le dijo Braulio, que te meto en el coche unas cosas que te he preparado, y le metió en el maletero del coche 6 grandes cajas unas con tomates, pimientos, cebollas, otras con tarros de todo tipo de conservas, también le metió dos jamones ahumados y un montón de ristras de chorizo, varios quesos de oveja y de cabra, un saco de castañas pilongas y unos cuantos tarros de miel y de arrope. Cuando terminó de meter cosas que parecía que no iba a ser nunca, le dio un fuerte abrazo a su amigo y le deseó que tuviera un buen viaje.

# FIN

En TOLEDO a 14 de octubre de 2008

*Siro Pablo Matías Sanz Navarro Ruano Dúrio*

# <u>ROMANCE DE LA LOBA PARDA</u>  *(Anónimo)*

*Estando yo en mi choza  pintando mi callada*
*Las cabrillas altas iban y la luna rebajada*
*Mal barruntan las ovejas no paran en la majada*
*Vi de venir siete lobos por una oscura cañada*

*Venían echando a suerte, cuál entrará en la majada*
*Le tocó a una loba vieja patituerta, cana y parda*
*Que tenía los colmillos como puntas de navajas*
*Dio tres vueltas al redil y no pudo sacar nada*

*A la otra vuelta que dio sacó la borrega blanca*
*Hija de la oveja churra nieta de la orejisana*
*La que tenían los amos para el Domingo de Pascua*
*Aquí, mis siete cachorros aquí, perra trujillana*

*Aquí, perro, el de los hierros a correr la loba parda*
*Si me cobráis la borrega cenaréis leche y hogaza*
*Y si no me la cobráis cenaréis de mi callada*
*Los perros tras de la loba las uñas se esmigajaban*

*Siete leguas la corrieron por unas sierras muy agrias*
*Al subir un cotarrito la loba ya va cansada*
*Tomad, perros, la borrega sana y buena como estaba*
*No queremos la borrega de tu boca alobadada*

*Que queremos tu pelleja pa el pastor una zamarra*
*El rabo para correas para atacarse las bragas*
*De la cabeza un zurrón para meter las cucharas*
*Las tripas para vihuelas para que bailen las damas*

# OTROS ASUNTOS PÚBLICOS RELACIONADOS CON LOS LOBOS

## LAS TRAMPAS

Las trampas para lobos constituyen una muestra etnográfica del norte de la Península Ibérica. Se encuentran extendidas por Galicia, Cantabria, Navarra, Norte de Portugal y Castilla León. Estas estructuras son denominadas de varias formas: "foxos", "loberas", "corral", "curros", "cortellos", "cousos", "chorcos", "pozos", "callejos". De ellas ya se habla en el Libro de la Montería, de Alfonso XI. En nuestra comunidad hay diversos testimonios en el norte de las provincias de Zamora, León y Burgos

En la provincia de Zamora se conservan dos de estas construcciones: "O curro dos lobos" de Barjacoba y "o cortello dos lobos" de Lubián, que estuvieron activas hasta mediados del siglo pasado y que hoy vienen atrayendo la atención de numerosos visitantes, tanto de España como del resto de Europa.

Pertenecen ambas a lo que se conoce en la bibliografía especializada sobre el tema, como "foxo de cabrita", y se trata, en ambos casos, de un recinto de forma circular o elipsoidal, con muros de unos tres metros de altura, ligeramente inclinado al interior, de unos cuarenta metros de diámetro. El muro está construido en mampostería, sin argamasa, con piedra transportadas y colocadas por los propios pastores En el interior, sobre un mogote, era colocada una cabra o una oveja a modo de cebo. Al descubrirse la presencia del Lobo dentro del recinto, acudían las gentes con toda clase de objetos ofensivos. Reducido el animal, era convenientemente abozalado y exhibido a continuación por los pueblos de los alrededores.

# ARGUMENTOS A FAVOR o EN CONTRA DEL LOBO IBERICO *(sacados de internet)*.

Con cierta frecuencia aparecen en la prensa noticias relativas a ataques del lobo contra el ganado en tal o cual lugar de España. Dichas noticias suelen constar, grosso modo, de 3 partes: descripción de los hechos y daños habidos, entrevista a los afectados y/o lugareños del pueblo, y exposición de datos sobre población de lobos (a nivel local, comarcal, provincial, autonómico o nacional) y su tendencia demográfica.

Los reportajes que aparecen sobre nuestro lobo en revistas no especializadas, o suplementos dominicales de la prensa diaria, suelen responder a un esquema distinto: más bien recogen opiniones a favor y en contra del cánido, sin olvidar ofrecer datos sobre su censo y tendencia demográfica.

En ambos casos se observa no poca superficialidad, que básicamente consiste en detenerse en lo concreto y puntual, obviando lo general y una perspectiva amplia del tema.

Las cifras poblacionales ofrecidas no las considero fiables: se repiten a lo largo del tiempo, de un reportaje a otro, y por supuesto los autores no citan las (supuestas) fuentes que les han proporcionado esas cifras de censo. **El resultado es una literatura barata que no solo no informa, sino que deforma.**


## Comentario.- ¿PARA QUE SIRVE EL LOBO?

En términos absolutos o de un ecosistema, para controlar las poblaciones de herbívoros silvestres, cuya excesiva proliferación daña severamente la cubierta vegetal. En la Naturaleza nada sobra, todo ocupa un lugar concreto. Si a efectos anatómicos la necesidad crea el órgano (dicho sea como símil), a efectos de ecosistema, la Naturaleza creó al lobo para resolver el problema de controlar los consumidores de materia vegetal......., **(estoy de acuerdo, Siro)**

**Comentario.-  ¿EL LOBO ES MALO?**

El Bien y el Mal como conceptos puros, absolutos, pertenecen exclusivamente al ámbito de la moral, la filosofía o la religión, pero no a la vida real. Incluso los peores genocidas de la historia de la humanidad tenían una familia a la que amaban y respetaban. En la realidad las cosas no son blancas o negras, sino distintos grados de gris. En su particular y respetable visión de las cosas, el ser humano juzga y cataloga en base a la ganancia (considera que las abejas y las ovejas son buenas) o a la pérdida (considera que el lobo es malo) que se le causa, no por las cualidades intrínsecas del ente juzgado. No consta que por ejemplo las abejas (olvidémonos de la miel) sean el colmo de la bondad. Nadie considera malo a un mirlo, ese mirlo que traga viva una lombriz, la cual acto seguido se disuelve, viva, en ácidos gástricos y jugos digestivos varios. Ningún animal silvestre obra pensando en hacer bien o mal al ser humano (hasta ahí llegaría nuestro antropocentrismo y suprema ignorancia) sino en satisfacer sus necesidades vitales. Es el ser humano quien, merced a la consciencia (consciencia de sí mismo y de lo que le rodea), juzga, clasifica y etiqueta según su conveniencia. **(Estoy de acurdo completamente en todo lo expuesto. Siro).**

**Comentario.-**  La socorrida imagen del bucólico pastor que llora por sus ovejitas muertas por el lobo no es sino pura verborrea barata. El destino de esas ovejas no era sino cambiarlas por fríos y asépticos billetes, para ser después muertas mediante una cuchillada en la yugular o un martillazo en la cabeza. Aquí se acaba el bucolismo pastoril. **(Este no es un razonamiento serio, coherente ni justo y el que lo ha escrito es un autentico cretino. Siro).**

El lobo mata exclusivamente para comer, cosa que no podemos decir los humanos. **(Esto no es cierto, el lobo mata para comer pero también por** *placer y así lo demuestra, la cantidad de ovejas que deja muertas o heridas para llevarse tan sólo una. Siro).*

*Juzgar, y sentenciar, con parámetros humanos lo que no es humano es un inmenso disparate. **(Igual que es un disparate, juzgar y sentenciar cuando uno no es un Magistrado o un Juez. Siro).***
*¿Alguien mediría el tiempo con una báscula?, **"No cabe en una cabeza sensata".***

## ¿EL LOBO ES AGRESIVO Y PELIGROSO?

*La palabra agresivo significa propenso a meterse con los demás, buscar pelea, amenazar. El lobo no es así: rehúye la presencia humana, y cuando no tiene hambre no hace ni caso al ganado o reses silvestres que pasan cerca de él, como ha podido comprobarse repetidamente en diversos estudios de campo. Otra cosa es que durante el agarre y muerte de su presa exhiba la fuerza de su poderosa mordedura; el zarandeo de la res mordida en el cuello —es todo lo espectacular que se quiera- no es sino una forma de matarla antes, y de asegurarse de que está bien muerta antes de empezar a comer. Cabe hablar de una descarga de fuerza y energía en un breve lapso de tiempo, a la que la sangre y la visión de la poderosa dentadura lobuna (una simple herramienta de trabajo) aportan el componente "agresivo" que tanto se achaca al cánido. **(Estoy de acuerdo en algunas cosas en otras no. Siro).***

*Peligroso, ¿potencial o realmente? Potencialmente casi todos —yo incluido- somos asesinos: tenemos un cuchillo de cocina con qué acuchillar a alguien, un coche con qué atropellar a alguien, o bolsas plásticas del supermercado con las que asfixiar a alguien. ¿Pero por ello somos realmente asesinos? No, **(pero si lo podemos ser en un momento dado y por diversos motivos. Siro).***

*Pero como en todo, hay excepciones. La realidad es que en España hay casos documentados (nombre y apellidos, fecha y lugar) de personas depredadas (muertas y comidas) por lobos. Estos lamentables sucesos* son la excepción, no la norma. Resulta muy curioso que la fértil bibliografía lobuna española nunca mencione estas predaciones sobre humanos. Solo en Valverde y en cierto artículo de BIOLÓGICA encontramos mención expresa a ello. **(Esto no es cierto pues en los siglos XIX Y XX se tienen noticias de algunos periódicos sobre ataques de lobos a seres humanos y sobre todo a niños o adolescentes e incluso a una pareja de la Guardia Civil en Zamora. Siro).**

Por supuesto, la casuística existente en la realidad es muy amplia : al lobo le han echado la culpa de ataques cometidos por perros; de muerte de reses que en realidad han sido muertas por un pastor necesitado de cambiar su monótona dieta; e incluso de asesinatos y homicidios que en realidad fueron cometidos por personas. En este último apartado resulta paradigmático el caso de Manuel Blanco Romasanta, individuo marginal que vivió en el S. XIX. Llamado el hombre-lobo de Allariz (Ourense), afirmaba transmutarse en lobo, lo cual no era sino una mala excusa para intentar zafarse de las consecuencias penales de sus crímenes, cometidos con la finalidad última de robar y convertir la grasa de sus víctimas humanas en jabón, que luego vendía. Condenado a morir en el garrote vil, fue indultado y pasó el resto de sus días en un centro psiquiátrico.

Desde aquí hasta el final de este apartado, seguimos fielmente al citado Valverde.

En principio son 3 las situaciones en las que el lobo ibérico puede suponer un peligro cierto para la integridad e incluso la vida de las personas: **1.-** Ejemplar afectado de rabia, (o acosado, herido, enfermo, etc. añadimos aquí). **2.-** Hembra en el destete de sus lobeznos (Junio/Julio), cuando agotada por la lactancia, y tras ser alimentada por el macho, necesita volver a cazar para sí misma y sus retoños. **3.-** Formación de la manada invernal (de Noviembre a Marzo), compuesta por macho, hembra y lobatos no emancipados. En esta época bajan de la montaña al valle, acuciados por el hambre, penetrando en los pueblos sobre todo de noche en busca de comida. Aquí la unidad predadora no es un lobo sino 4 o 5 juntos, con lo que su capacidad letal es muy superior. Amparados en la noche su osadía se dispara. En la comarca cantábrica del Alto Campoo los paisanos dicen que "En Diciembre y Enero el lobo toma al hombre por cordero" (refrán recogido por Jesús Garzón).

Vemos que esas 3 circunstancias son, una aleatoria e imprevisible (infección por rabia), y las otras 2 de carácter estable, repetitivo y anual pues se corresponden con distintas fases de su ciclo biológico.

He aquí sendos ejemplos de humanos muertos en cada uno de esos 3 casos:

Lobo rabioso. Chantada (Lugo), 1881. Hubo 14 personas muertas por ataque de un solo lobo rabioso. Certificado por el Dr. Cedros, en el Hospital de Lugo. Reseñado por Casarlegos, en el ABC de fecha 15-X-1974.

**Primero.-** <u>**Loba tras el destete.**</u> Cabe citar la loba de Vimianzo (20 Km. al Noreste de Finís terree, Coruña). El 25 de Junio de 1957 mató al niño Jesús Vázquez Pérez, de 5 años y 17 kilos de peso. Fue testigo su amigo Luís, de la misma edad, que permaneció varias horas mudo por la impresión. Ese mismo día se acerca a una chica de 15 años, que reacciona a tiempo. El 22 de Julio de 1958 hiere gravemente (consigue salvarse) a Manuel Suárez, también de 5 años y 18 kilos. Y el 21 de Junio de 1959 mata a Manuel Sar Pazos, de 4 años con 11 meses, y 18 kilos de peso. Fueron testigos su Amigo Paco, de 5 años, y Alberto, de 17 años. Poco después, el 18 de Agosto de 1959, se celebra una batida en la que se matan 2 lobos. No volvió a haber ataques a niños.

Y cómo olvidar a la loba de Rante (Ourense). Todo empezó el 3 de Julio de 1974, atacando a una niña de 13 años y 25 kilos que iba a por maíz acompañada de una mujer de 59 años. Ambas fueron mordidas. El día siguiente (4-7-1974) mata al niño José Tomás Martínez Pérez, de 11 meses y 9 kilos. Hubo varios testigos, familiares del niño, ocupados en sus labores agrícolas habituales. Unos días después, el 10 de Julio de

1974, mata al niño Javier Iglesias Balbín, de 3 años y 12 kilos de peso. Esta loba, fácilmente identificable pues conservaba en el cuello parte del pelaje invernal, fue envenenada con estricnina el 14 de Julio de 1974 (fecha del décimo cumpleaños del autor de este trabajo). Hay al menos 2 fotos de la misma, era una hembra de 5 años con una dentadura perfecta.

Obsérvese que la mezcla de población rural dispersa, con lobas paridas acostumbradas a conocer el ritmo diario de la vida de los lugareños, puede ser mortífero. Cabe condenar aquí a ambas partes en debate: el diario LA REGION, por azuzar estos tristísimos sucesos, que desembocaron en un paroxismo nunca visto: incendio de montes para alejar al lobo, y estricnina a mansalva. En apenas 45 días se mataron 31 lobos (incluidos 3 hijos de la loba infanticida). Y por otro lado, Félix Rodríguez de la Fuente, quien negando la evidencia insistía en que no había sido la loba **(a pesar de los testigos)** sino quizás chacales americanos, perros asilvestrados, cruces de lobo o incluso perros de presa liberados por la PIDE (policía secreta portuguesa de la época).

Aún hoy, en 2004, uno de sus ex colaboradores, Carlos Sanz, afirma que quizás no fue la loba sino perros silvestres. Esto puede verse en **http://www.fapas.es/** (ir al apartado del lobo, concretamente a la historieta que recrea el cuento de **Caperucita Roja**). Cabe preguntarse qué es peor, si el sensacionalismo incendiario o la ceguera voluntaria de otros. Así nunca se avanzará en la conservación del lobo ibérico.

**Segundo.- Manada invernal.** Invierno de 1856-57. "...Dos Guardias Civiles que prestaban servicio en los límites de la provincia de Zamora han sido hallados entre la nieve, horriblemente destrozados por los lobos, contra los que debieron de sostener una lucha desesperada pues cerca de sus restos fueron hallados cinco lobos muertos, encontrándose los fusiles con las bayonetas caladas y tintas en sangre...".

Podrían citarse más y más casos, pero lo dejamos aquí. Quien desee profundizar sobre esta macabra faceta de la vida del lobo ibérico, debe necesariamente leer la magistral obra de **Valverde y Teruelo**. Como última curiosidad, y aprovechando que estamos en Año Jacobeo (Xacobeo), decir que las preciosas iglesias románicas que jalonan el Camino desde Roncesvalles (Navarra) hasta Santiago de Compostela representan tan a menudo una cabeza de lobo (frecuentemente con cabezas, pies y piernas humanas asomando en las fauces), que incluso ello ha dado nombre al adorno más común de esas bellas construcciones, el canecillo, que sobresale del muro. Que cada cual extraiga sus conclusiones: alegoría artística, hechos reales (antropofagia lobuna) o ambas cosas a la vez.

Como comparativa, decir que cada año hay varias muertes en España por perros de razas consideradas peligrosas, noticias que con cierta asiduidad aparecen en los medios de comunicación.

La creencia de que el lobo es por sí infecto y portador de enfermedades tiene su contrapunto en que no es la única especie susceptible de albergar y transmitir enfermedades, incluso la especie humana. Por otra parte, las ocasiones de contacto lobo-hombre son hoy en día muy escasas, y no digamos la posibilidad de contraer alguna enfermedad por su culpa. Esa creencia suele ser patrimonio de paisanos que viven rodeados de cerdos, vacas, ovejas, aves de corral, gatos...y perros, sin que ello parezca causarles preocupación alguna a efectos de riesgos para su propia salud, y sin embargo todos estos animales son o pueden ser portadores de muchas enfermedades.

## LOS ECHAN LOS ECOLOGISTAS DESDE UN HELICÓPTERO

Tan delirante que hasta fastidia dedicar un átomo de energía a rebatir tamaña subnormalidad.

¿Dónde está el hangar-una instalación que presumiblemente debe estar autorizada por el organismo competente de la Administración- donde se guarda ese helicóptero?

¿Alguno de esos paisanos juraría, por escrito, con su firma y entregando copia debidamente compulsada a un notario o abogado, que ha visto un helicóptero soltando lobos?

**Yo Siro Sanz Navarro no lo considero tan disparatado, con respecto a lo del hangar he de decir que todas o la mayoría de las Comunidades Autonómicas disponen de Helicópteros y tienen hangares para ellos, y sé que algunas Comunidades han introducido lobos en algunos lugares, he incluso he oído a algunos lugareños el relato de que para llegar a los lugares de suelta han utilizan helicópteros, pero si no han utilizado helicópteros han usado camiones o vehículos todoterreno con los que han podido llegar a los lugares de suelta, aunque esto no quiere decir que la proliferación del lobo sea porque se han introducido en algún lugar, sino porque el lobo se mueve mucho y se va esparciendo por su propia evolución.**

## CADA VEZ HAY MAS, SON UNA PLAGA

Tan ligera afirmación bien puede basarse en la reiteración de lobadas en una zona, de modo que la repetida presencia o avistamiento de una manada es instantánea y erróneamente convertida en una "plaga de lobos". En invierno el lobo forma manadas, que son 2 o 3 familias juntas (adultos reproductores más juveniles supervivientes). Su tamaño actual, al menos en ciertas zonas de Castilla y León, ronda los 10 ejemplares/manada. **Existen documentos del siglo XVIII que hablan de** *manadas invernales de hasta (17) lobos en el Noroeste de Zamora-Suroeste de León (Sierra de Velilla-La Carballeda, La Cabrera y La Valdería).* **Como curiosidad, cabe decir que los cepos de ballesta para combatir los lobos de ese sector zamorano-leonés se compraban en Burgos y Vitoria. Al obviar el hecho de que la manada más cercana está a unos cuantos kilómetros, la impresionante visión de tantos lobos juntos hace pensar en una extraordinaria abundancia que resulta ser falsa :** **estudios de campo realizados en áreas optimas de Zamora estiman que un lobo adulto necesita unos 25 Km2 de hábitat (de calidad) para él solo.** *En el monte literalmente no caben tantos lobos como cree la imaginación popular. (**No estoy completamente de acuerdo. Siro**).*

El lobo ocupa actualmente en España, entre poblaciones estables e inestables, unos 60.000 Km2, aproximadamente el 12% del territorio nacional. Comparado con hace varios siglos, se ha producido una muy severa reducción de la superficie ocupada.

El concepto "más" no es absoluto sino relativo pues solo existe si a su vez hay un "menos" que pueda dar tamaño y contenido a "más". Si se dice que hay más lobos que antes, debemos decir cuántos lobos había y en qué época. Si no, todo es palabrería vana, sin respaldo de los números (censo o estimas fiables). ¿Cuántos años atrás significa "antes"?. Esos "más lobos", ¿se refiere a después de los partos, o a 6 meses después —otoño- cuando se ha producido una mortalidad juvenil de por ejemplo el 25 %?

Parece haber un consenso entre los especialistas en lobo ibérico en que éste ha ampliado su área de distribución en los últimos 20-30 años. Es innegable que vuelve a estar en provincias como Ávila, Guadalajara, Madrid, o Segovia, de donde faltaba hace décadas. En principio se supone que además de haber un aumento en el número de lobos también tenemos que tener en cuenta un incremento de la superficie o de terreno ocupado por los lobos. Se considera que el censo (valga la palabra) español es de unos 2.000 ejemplares tras los partos, cifra que en unos *meses vuelve a bajar a 1.400 lobos, cifra que se repite de unos estudios a otros y a la vista de lo cual cabe imaginar 2 opciones: 1) La población española no aumenta 2) Las estimas numéricas son copiadas de un estudio a otro, lo cual no sería de extrañar visto lo difícil (acaso imposible) que es censar satisfactoriamente en toda España (500.000Km2) un animal tan esquivo, discreto y móvil como el lobo. Algún especialista que ha tratado este tema en profundidad considera que es más fiable estudiar tendencias de población, que no embarcarse en un quimérico censo español (¿el censo es el opio del conservacionista?) de lobos, de resultados harto dudosos y utilidad discutible. Para más inri, otro reputado estudioso de nuestro lobo se pregunta, en su (por ahora, última) obra, si la actual expansión del cánido por el solar hispano debe alegrarnos, o si por el contrario, **ello es señal de graves perturbaciones (que las hay) en sus enclaves clásicos de ZAMORA: Aliste, La Carballeda y Sanabria (Sierra de la Culebra).* La más densas zonas loberas de España (**La Carballeda-Zamora**, o los páramos del Norte de Burgos) acogen un máximo de 6 o 7 ejemplares por cada 100 Km2, o sea, un cuadrado de 10 Km. de largo por otros 10 de ancho en el que hay 6 o 7 lobos. "Y es la mayor densidad existente en España" Con esas densidades, amplias zonas apenas juntan tantos lobos como habitantes pueda haber en alguno de esos ruinosos y semideshabitados pueblos de la España profunda. **Yo Siro, personalmente estimo en muchos más los ejemplares que se han citado anteriormente donde sin temor a equivocarme puedo decir que la densidad de lobos en la comarca de la Carballeda es mucho mayor aunque si es verdad que pueden cambiar de vez en cuando de zona donde deambular o hacer sus lobadas, pero volviendo a la Carballeda cuando así lo consideren.**

*Como comparativa, podemos mencionar que en época de cosecha de bellotas, algunos robledales del Norte de León albergan unos 13 jabalíes por Km2. Y ciertas fincas de los Montes de Toledo y Sierra Morena superan los 30 ciervos por Km2, una cifra 3 veces superior a la que los expertos en gestión cinegética consideran adecuada, y que incluso pone en peligro la supervivencia de la cubierta vegetal que alimenta al ciervo. Es decir, los mejores enclaves loberos de España (densidad= 7 ej. / 100 Km2) tienen una densidad poblacional 185 veces inferior a la de los citados jabalíes leoneses, y 425 veces inferior a la de los citados ciervos de la Submeseta Sur. Toda una plaga de lobos.*

*Al albur de lo anteriormente mencionado, debemos decir que existe un hecho sorprendente en principio, relativo al mapa español de distribución del cánido. Prácticamente todos los ejemplares están en la mitad Norte, casi faltando de esos magníficos espacios naturales de la mitad Sur, en los cuales prosperan ungulados silvestres, y cuya valía certifican especies tan incomparables como el águila imperial ibérica, el buitre negro o el lince ibérico. Aquí el problema no son los ganaderos convencionales, sino los propietarios de grandes latifundios de caza mayor. Es de juzgado de guardia que ahí se siga persiguiendo al lobo (y rapaces, etc.) incluso con métodos ilegales. Hablamos de densidades extraordinariamente altas de ciervos, de las cuales un mísero puñado de lobos apenas extrae el cero coma cero algo por ciento. Los señoritos andaluces no pueden consentir tal robo de reses, no vaya a ser que el lobo los arruine y acaben pidiendo limosna en una esquina. Todo esto en un contexto en el que la caza mayor, como legítimo ejercicio de extracción de un recurso natural renovable, generalmente no es más que una vanidosa y engolada ejecución al aire libre de unos ciervos alienados, alimentados artificialmente y para colmo encerrados en cercados cinegéticos donde no hay posibilidad de huida. Las nuevas autoridades medioambientales de nuestro país deberían poner en su punto de mira a esas grandes fincas cinegéticas, que parecen en general un territorio al margen de las leyes conservacionistas, y donde nos estamos jugando la pervivencia de los 3 ases, ya citados, de nuestra gran fauna mediterránea.*

*Resulta sorprendente que los habitantes del medio rural, tan observadores y sabios para algunas cosas, achaquen la (re)aparición del lobo a sueltas hechas por los ecologistas con ejemplares que traen de un criadero secreto. Es literalmente inconcebible que no se les ocurra que la fauna salvaje se reproduce por sí sola, sin necesidad de intervenciones humanas, y que los lobos tienen unas magníficas patas para trotar hasta 50 kilómetros en una sola noche. Acaso sea una inconsciente manifestación de victimismo frente a los señoritos de ciudad; o que las brujas y apariciones de la Virgen han dado paso hoy en día a lobos que bajan en paracaídas desde el helicóptero de los ecologistas de ciudad. Recordemos el título de una novela del recientemente fallecido Isaac Asimov:* **Contra la estupidez, los propios Dioses... ¿luchan en vano?**

## YA NO TIENEN MIEDO, SE METEN EN LOS PUEBLOS (Y SON MAS GRANDES)

*La entrada de lobos a los pueblos, sobre todo por la noche, no es nada nuevo, siempre lo hubo. Cabe citar los casos documentados de León (Iruela), Lugo (Ancares y Caurel), La Rioja (Calahorra, 31-01-1.720; un lobo afectado de rabia entró de día en el pueblo y mordió a unas 40 personas y animales), Soria (Sotillo del Rincón, hacia 1.920; los vecinos tirotean con escopetas desde sus casas a los lobos, considerados una "invasión") y Zamora (Lubián y Muelas de los Caballeros; en esta última localidad, sendas camadas expoliadas en 1.979 y 1.980, recibían la visita nocturna de sus padres, que durante varias noches se dedicaron a golpear la puerta del recinto donde sus cachorros estaban encerrados).*

*Pensemos en qué contexto se producían estas entradas: mayor cantidad de lobos que ahora, escasa o nula iluminación urbana, y amplio uso de caballerías (= comida, atraen al lobo) al no haber coches ni tractores (= no comida, y hacen ruido; el lobo escapa).*

*Es precisamente ahora cuando tal cosa es anecdótica, pues hay menos lobos, y en los pueblos hay iluminación y ruidosos vehículos. Los paisanos actuales lo entienden justo al revés: un ataque a las ovejas a 500 metros del casco urbano es presentado como el no va más de la osadía lobuna, y seguramente alguien piense que lo próximo será que la manada llegue a mediodía al centro del pueblo buscando una presa* humana. Cabe mencionar aquí, con todo respeto y consideración, que en Marzo de 2004 fue avistado un grupo de, al parecer, lobos en las inmediaciones de un centro escolar de Vimianzo (Coruña), lo cual ha hecho saltar todas las alarmas. Recuérdese lo acontecido en este municipio unos 45 años antes a cargo de una loba parida.

A finales de 2003 apareció en un diario de Galicia la noticia de una lobada en un pueblo de Coruña. Una de las paisanas afectadas dijo que los lobos "de ahora"... ¡son mayores que los "de antes"¡ Solo le faltó decir que los lobos "de ahora" no tienen 4 colmillos, sino 10.

Idéntico revuelo ha causado en las mismas fechas la muerte de una burra a cargo de 3 lobos en la localidad zamorana de Moveros de Aliste (municipio de Fonfría), en pleno día, a 50 metros de las casas y a 100 metros de la Plaza del pueblo.

En muchos de estos casos puntuales se observa un detalle, acaso achacable al inconsciente del periodista que cubre la noticia: se dice que esos lobos están fuera de su hábitat natural.

En primer lugar, se confunde hábitat (robledal, encinar, marisma, etc.) con espacio natural (Sierra de la Culebra, Sierra de Velilla, etc.), lo cual es disculpable aunque ese tipo de inexactitudes tienden a torpedear la escasa cultura naturalista de un lector normal de prensa. Lo verdaderamente grave es esto: esos lobos están fuera de su hábitat natural. Se asume, y así se hace llegar al común de los lectores, que existe un gueto en el cual se permite al lobo vivir, y que fuera de tal o cual sierra es un alien, un extraño que se ha escapado del gueto. Cabe decir, en ese caso concreto, que toda la provincia de Zamora entra en el área de distribución actual (y pasada) del lobo, por lo que no debe sorprender su aparición en tal o cual sitio. Y por supuesto nuestro protagonista no es un cadáver conservado en el tarro del formol que se le ha asignado. Cabría sorprenderse de la aparición en un municipio zamorano de un león o un tigre, especies ajenas a la fauna española. Pero no si se trata de lobos, especie que se instala allí donde encuentra refugio y comida. Hablamos de una pieza del ecosistema, con proyección física real sobre el mismo, y no de un cromo que se ha salido de la caja donde los guardamos.

## QUE LOS ECOLOGISTAS DE CIUDAD SE LOS LLEVEN CON ELLOS Y LOS METAN EN UN CERCADO

Esta especie, y cualquier otra, forma parte del patrimonio natural que es propiedad de 40 millones de españoles, y que por mandato constitucional debe ser cuidado por la Administración. Los lobos ibéricos pertenecen a todos, y deben ser cuidados por todos. No pertenecen a sus amigos los ecologistas, sean rurales o de ciudad. El lobo existe para controlar las poblaciones de herbívoros, su sitio es el monte. Un lobo encerrado tiene una proyección nula sobre el hábitat natural. **La frase que encabeza este párrafo es la quintaesencia de la mala fe y de la suprema ignorancia.**

En relación a lo anterior, también suele oírse que los ecologistas se preocupan más de los lobos que de las personas. Esa afirmación cae estrepitosamente ante el más simple de los análisis. El dilema lobos o ganado es falso, ambos pueden coexistir, de hecho coexisten, mejor o peor. Son precisamente los ecologistas quienes vienen reclamando que se paguen indemnizaciones a los ganaderos afectados, con lo cual se resarce de las pérdidas a las víctimas y se sientan las bases para un mayor respeto hacia la vida del lobo. Mi particular visión de las prioridades de cada uno es la siguiente: en este mundo hay un sinnúmero de calamidades, por eso han ido apareciendo las ONG´s. Hay quienes se vuelcan con la lucha contra las enfermedades (apoyando a la Cruz Roja, Médicos sin Fronteras, etc.), contra las dictaduras e injusticias (apoyando a Amnistía Internacional, etc.), etc., y quienes se vuelcan contra la extinción de especies animales y vegetales. Como uno no puede abarcar todo, debe elegir, y cada persona comprometida elige de acuerdo con sus preferencias. Cualquier opción elegida (lucha contra la enfermedad, la injusticia, el hambre, el deterioro del medio ambiente, etc.) es tan respetable como todas las demás opciones. Me gustaría saber cuántos de esos que critican a los ecologistas (que supuestamente se preocupan más de los lobos que de las personas) demuestran que ellos sí se preocupan de las personas siendo por ejemplo socios de Cruz Roja, Médicos sin Fronteras, o alguna ONG similar. **(Esto último es analizable y discutible. Siro).**


## CONSIDERACIONES GENERALES

Básicamente la conservación del lobo ibérico es una cuestión de dinero. El importe estimado de los daños anuales al ganado son unos 130 millones de Pesetas (800.000 euros).

Pero para que esas necesarias indemnizaciones lleguen a existir, tiene que haber una decisión en tal sentido por parte de la Administración correspondiente. Si a nivel de las Administraciones Autónomas la cosa está mal, no hablemos del Ministerio de Medio Ambiente: en 2003 este Ministerio de paseos marítimos y paseos fluviales pretendió autorizar la caza de los escasos lobos presentes al Sur del Río Duero, lo cual fue rechazado desde Bruselas. Es sencillamente inconcebible que la economía nº 11 del Planeta no pueda gastar al año 1 millón de euros, o incluso menos, en conservar tan magnífico animal. No es "no puede", sino "no quiere". **(No estoy completamente de acuerdo con todo lo expuesto en estas consideraciones. Siro).**

Esos 800.000 euros en daños producidos anualmente por todos los lobos españoles, ¿son poco o mucho dinero? el presupuesto municipal de Santiago de Compostela (una capital mediana) para 2004 asciende a 94 millones de euros: da para pagar indemnizaciones (al actual ritmo de daños) durante más de 100 años. El municipio turístico de O Grove (Pontevedra), con apenas 12.000 habitantes, pretende gastar más de 1 millón de euros en revalorizar con vistas al turismo la zona de Meloxo y Punta Moreiras: 2 piscinas, un museo de la miticultura (cultivo del mejillón) y un teleférico sobre la bahía hasta los pies del acuario sito en Punta Moreiras.

Que cada cual extraiga sus propias conclusiones. Hay dinero. El hecho de que no se abonen los daños habidos por lobo es un no querer, no un no poder. Ese no querer sin duda tiene nombres y apellidos.

La magnitud del disparate es mayúscula: en Picos de Europa (Parque Nacional, dicen) una triste familia de lobos allí presente es perseguida por todos los medios, mientras miles de reses domésticas campean allí a sus anchas. Aquí el lobo es tema recurrente en política local, especialmente cuando se avecinan las elecciones municipales. Al fin y al cabo los lugareños votan, y el lobo no. La última tendencia es una biopirámide en cuya cúspide está por supuesto el buitre quebrantahuesos (pendiente de reintroducción en Picos), pero no el lobo, al que se le niega haber habitado pretéritamente la zona, y en esa realidad de diseño sobra, es un alien que nunca ha vivido aquí y debe ser eliminado al tratarse de un intruso. **(No estoy completamente de acuerdo. Siro)**.

Pero estos gestores olvidan que en pleno Parque Nacional de los Picos de Europa está el chorco (callejón trampa) para lobos del monte Corona, en el término municipal de Posada de Valdeón (León). Félix Murga, cifra en unos 1.000 (mil) los lobos eliminados mediante esa trampa, que funcionó durante unos 400 años y cuyas ordenanzas de uso se renovaron por última vez en 1.963. Quien diga que nunca hubo lobos en los Picos de Europa, o es un supremo indocumentado e ignorante, o (más posiblemente) miente como un bellaco.

Quizás esto tenga que ver con las formas habidas últimamente en la cosa pública española: somos (son) infalibles, es la realidad la que se equivoca.

Parece que no se trata de que un Parque Nacional garantice los procesos biológicos fundamentales, de los cuales la predación es uno de los más señeros. Si acaso, atraer turistas.

En esta dirección apunta la reciente gestión de un urogallo macho agresivo con los turistas en el asturiano Parque Natural de Somiedo.

*En vez de cerrar al paso de turistas (al menos en época de cría) la querencia del gallo, que se limitaba a defender a picotazos la intimidad de su lugar de galanteo, se optó por secuestrarlo y liberarlo a varios kilómetros. En menos de una semana, apareció muerto. El asunto está ahora en los juzgados.*

*No mucho mejor es la situación en la leonesa zona de Riaño: los guardas, en vez de perseguir a los furtivos, tienen órdenes de perseguir al lobo. En 2003 mataron entre 6 y 12 ejemplares, con el consiguiente alborozo de jabalíes y ciervos, que cada vez saquean más cultivos y más sembrados con mayor comodidad en el fondo del citado valle. "Magnífica" labor la de la Consejería de Medio Ambiente de la Junta de Castilla y León en Riaño : persecución del lobo, instalación de vallas cinegéticas, apertura de pistas forestales con las que dar el puntillazo definitivo al oso y al urogallo, talas a golpe de motosierra en pleno mes de Mayo en los refugios del urogallo, etc. Y por supuesto, no autorizar, o incluso obstaculizar, las plantaciones de frutales silvestres que para el oso pretende realizar AROCA-FAPAS (Asociación de Reforestadores para el Oso Cantábrico-Fondo Asturiano de Protección a Animales Salvajes) en Riaño y el inmediato Parque Natural de Fuentes Carrionas (Norte de Palencia). Hablo con absoluto conocimiento de causa: soy uno de los promotores de AROCA.* **(No estoy completamente de acuerdo. Siro).**

*El lobo es animal que a casi nadie deja indiferente. Siendo un conflicto polifrentista, el frente más notable es el abierto entre ganaderos y conservacionistas. Los primeros echan pestes contra los segundos, sin darse cuenta de que nadie, aparte de los propios ganaderos, reclama con tanta insistencia como los amigos del lobo el pago de indemnizaciones justas y rápidas. Incluso entre los propios conservacionistas hay posturas enfrentadas: si no aceptas la caza del lobo eres un integrista, y si eres un biólogo de carrera que acepta la caza del lobo eres un vendido a la Administración.*

El hecho biológico indiscutible es que el lobo ibérico presenta una buena tasa reproductora, lo que lleva a que si se matan muchos es por que previamente han nacido muchos. Esa tasa, unido al hecho de ser una especie adaptable a diversos hábitat, permite augurar un futuro viable para el lobo ibérico si es que de una vez por todas la Administración pertinente se decide a hacer lo que hay que hacer: pagar indemnizaciones a los ganaderos afectados, planificar una caza sensata y sostenible del lobo, y perseguir con mano de hierro a todos esos furtivos anti-lobo que lo mismo se sirven del incendio forestal, el lazo, el cepo o el veneno.

Una caza racional del lobo (¡ anatema ¡ según algunos) aparte de proporcionar unos ingresos económicos nada despreciables susceptibles de ser empleados en conservación de la especie (fondo para indemnizaciones, salarios para guardas, etc.), serviría como válvula de escape de la presión social que se genera en situación de reiteradas lobadas.

Lo que muchos parecen olvidar es que vivimos en el mundo real, y no en Disneylandia. Tan inconcebible es una España que rezumase lobos por los 4 costados (ya nos gustaría), y que fuesen intocables, como una España sin ellos, para vergüenza propia y ajena. El concepto "caza del lobo" a algunos levanta sarpullidos en la piel, tanto como el que a nosotros nos produce oír "exterminio del lobo". A veces no se trata de elegir entre lo bueno y lo malo sino entre lo malo y lo peor. Una caza regulada y sensata del lobo es perfectamente asumible, en el marco ineludible de un plan de ámbito nacional para conservar esta maravillosa especie. No es lo mismo un lobo muerto por el veneno de un paisano metido a furtivo por que no le indemnizan, que un lobo muerto por un rico cazador que ha pagado por ejemplo 5.000 euros por su trofeo, dinero que se destinaría a la conservación de la especie.

Todo eso esboza la 2ª piedra angular de su conservación: el lobo puede, y debe, ser rentable para nuestros compatriotas del medio rural. Si se consiguiera poner en marcha tal cosa, habríamos dado no ya un paso de gigante, sino EL PASO hacia su conservación efectiva y definitiva. Si se me permite un último alegato egoísta, diré que necesito seguir estremeciéndome de arriba a abajo cada vez que visito el "cortello dos lobos" de Lubián (Sanabria), o cada vez que en la mítica Sierra de la Culebra respiro el mismo aire que ellos. Ambos lugares están en Zamora, auténtica Tierra Santa de los devotos del lobo ibérico.


## COMENTARIO DE ANA GARCÍA:

El cuento de Caperucita y el lobo feroz ha dejado de ser una fantasía porque estos animales salvajes, al igual que los jabalíes, ya no se asustan ante la presencia de personas y atacan al ganado o destrozan las plantaciones a plena luz del día.

El último suceso se produjo el domingo por la mañana en Froxán, una pequeña aldea de la parroquia de Meanos, en el municipio de Zas. María Nieves Espasandín sacó a pastar las 108 ovejas de su rebaño a un prado cercano. Eran las diez en punto. Media hora más tarde, alertada porque los animales estaban de vuelta en la cuadra, muy asustados, bajó a ver lo que pasaba. Se encontró, casi de bruces, con cuatro lobos que habían matado otras tantas ovejas y malherido a una más.

Nieves Espasandín asegura que ya es el cuarto ataque en un mes y que, además de las pérdidas económicas, a los vecinos les preocupa que puedan abalanzarse contra las personas: «Antes asustábanse ante a presencia de persoas, pero agora non. Eu levei un susto de morte. Pero o peor é que por aquí hai nenos pequenos e non podemos deixalos solos nin nas portas das casas».

*Muxía y Vimianzo*

Este temor se ha extendido por varias parroquias de la comarca en las que ya hubo, este verano, más ataques de lobos, aunque no todos han sido denunciados. En algunos casos, incluso, los animales salvajes sortearon pastores eléctricos conectados a vallas de triple alambrado.

Manuel Lema, miembro de la junta directiva de la asociación caballar Monte Faro, de Vimianzo, explica que ese temor es común en otros propietarios de la comarca. «Agora, os lobos achéganse ás casas sen problema, e a xente tenlle medo. Hai pouco, en Pasarela, chegaron a unha granxa de porcos en pleno día». Cree que el lobo es salvaje, «pero non tanto como hai uns anos, din que pode ser porque nacen en criadeiros e habitúanse a ver á xente. Así, antes só tiñan temor os que subían ó monte e agora todos os que teñen as casas cerca del».

Hace meses, los vecinos de Muxía, a través de la sociedad de cazadores, también denunciaron públicamente el riesgo que supone la existencia de los lobos para niños o mayores.

El presidente de la entidad cinegética, José Manuel García Gesto, aporta un dato significativo: desde que se realizaron dos batidas controladas, autorizadas por Medio Ambiente, no ha habido más ataques significativos al ganado vacuno o caballar, tras épocas de frecuentes incursiones. En la primera de esas batidas, se mataron dos animales salvajes y, en la segunda, ninguno. Cree que, tal vez, el sonido de los disparos los alejó a otras zonas próximas.

Donde sí siguen atacando es, entre otros lugares de la Costa da Morte, en las estribaciones del Monte Faro. El pasado fin de semana aparecieron tres potros muertos en la zona denominada Fonte Fría, muy próxima a otras en las que ha habido más incidentes de este tipo en los últimos meses.

## Fin de otras cosas relacionadas.

Yo Siro, <u>el autor de la novela,</u> como conocedor del Lobo y de toda la fauna de la península Ibérica y de prácticamente todo el territorio Nacional desde Cádiz a Santiago de Compostela, tengo que decir con respecto a todos los comentarios anteriores, que el lobo en los últimos 30 años ha proliferado y mucho, tanto en el territorio nacional, como en el número de individuos y manadas.

y no me cabe ningún género de dudas que muy pronto empezaremos a ver ataques o perjuicios de otros animales protegidos como pudiera ser el buitre así como animales no protegidos como ciervos, jabalís, corzos, etc.

También tengo que decir como autentico demócrata, que respeto todas y cada una de las opiniones y posturas aunque no las comparta e incluso aunque crea que son disparatadas.


En TOLEDO a 14 de octubre de 2008

Siro Pablo Matías Sanz Navarro Ruano Dúrio

*Pablo con 42 años y su hijo con 10*

# LOBOS

*Caratula Reverso*

*Siro Sanz Navarro*